FRANKFURTER WIRTSCHAFTS-
UND SOZIALWISSENSCHAFTLICHE STUDIEN

Heft 6

Herausgegeben von der
Wirtschafts- und Sozialwissenschaftlichen Fakultät
der Johann Wolfgang Goethe-Universität
Frankfurt am Main

Die Sektorenanalyse als Instrument konjunkturtheoretischer Untersuchungen

mit einem Anwendungsbeispiel zur Analyse der internationalen Konjunkturentwicklung

Von

Dr. Jochen Schumann

DUNCKER & HUMBLOT / BERLIN

Gedruckt 1959 bei Berliner Buchdruckerei Union GmbH., Berlin SW 61
Printed in Germany

Vorwort

Die vorliegende Studie wurde der Wirtschafts- und Sozialwissenschaftlichen Fakultät der Johann-Wolfgang-Goethe-Universität, Frankfurt am Main, im Februar 1959 als Dissertation eingereicht. Sie wurde von Herrn Professor Dr. Heinz Sauermann angeregt, für dessen verständnisvolle Förderung und Geduld ich an dieser Stelle herzlich danken möchte. Großen Dank schulde ich auch Herrn Professor Dr. Ewald Burger und meinem Freund Horst Todt für mathematische Hilfen sowie Herrn Professor Dr. Hans Möller und Herrn Privatdozent Dr. Rudolf Richter für wertvolle Ratschläge.

Frankfurt am Main, im Juni 1959

Jochen Schumann

Inhalt

Abkürzungen

AER	American Economic Review
Ec	Econometrica
Eca	Economica
EJ	Economic Journal
JPE	Journal of Political Economy
QJE	Quarterly Journal of Economics
RESt	Review of Economic Statistics
StJb	Statistisches Jahrbuch für die Bundesrepublik Deutschland
WWA	Weltwirtschaftliches Archiv
ZfdgSt	Zeitschrift für die gesamte Staatswissenschaft

Einleitung

1. Schon im Jahre 1948 erhob Metzler die Forderung, daß eine Weiterentwicklung der Konjunkturtheorie sich an der Konzeption und der Technik der Input-Output-Rechnung von Leontief zu orientieren habe[1]. Das wichtigste Kennzeichen der Leontiefschen Konzeption ist die Aufspaltung einer Wirtschaft in Sektoren. Die Technik besteht in der modelltheoretischen Fassung des Untersuchungsgegenstandes mit den Mitteln der linearen Algebra.

Ein Schritt in Richtung einer Fortführung der Konjunkturtheorie erfolgte jedoch nicht direkt von der Input-Output-Rechnung her, sondern ist in der von ihr unabhängig entwickelten Theorie des Sektorenmultiplikators[2] zu sehen, die aber mit einer ähnlichen Konzeption und Technik arbeitet. Sie wurde besonders von Chipman[3] und Goodwin[4] ausgebaut.

2. Mit der vorliegenden Arbeit soll der Versuch unternommen werden, den Anschluß dieser Sektorenanalyse an die moderne Konjunkturtheorie genauer zu umreißen und neben dem Multiplikatorprinzip einen zweiten wichtigen Baustein, das Akzelerationsprinzip, in die Untersuchung aufzunehmen.

Im ersten Teil geben wir zunächst einen kurzen Überblick über einige Beiträge zur neueren Konjunkturtheorie. Die folgenden Abschnitte dieses Teils dienen der näheren Erörterung verschiedener Definitionsmöglichkeiten der Modellgrößen sowie der Verallgemeinerung und Neuinterpretation der Hypothesen für die Zwecke der Sektorenanalyse.

Im zweiten Teil der Arbeit werden unter Verwendung des Multiplikator- und Akzelerationsprinzips Modelle formuliert und diskutiert, die prinzipiell eine beliebige Zahl von Wirtschaftssektoren berücksichtigen können.

---

[1] L. A. *Metzler,* Three Lags in the Circular Flow of Income, in: Income, Employment and Public Policy, Essays in Honor of A. H. Hansen, New York 1948, S. 14 f.

[2] Wir verwenden den einfacheren Terminus „Sektorenmultiplikator" an Stelle der wörtlichen Übersetzung „Multisektorenmultiplikator".

[3] Vgl. besonders J. S. *Chipman,* The Theory of Intersectoral Money Flows and Income Formation, Baltimore 1951 (im folgenden zitiert als „Theory").

[4] R. M. *Goodwin,* The Multiplier as a Matrix, EJ, Vol. LIX, 1949, S. 537 ff.; *derselbe,* Does the Matrix Multiplier Oscillate?, EJ, Vol. LX, 1950, S. 764 ff.

Der dritte Teil der Untersuchung soll den Nachweis erbringen, daß Modelle der im zweiten Teil behandelten Art ein brauchbares Werkzeug für empirische Forschungen liefern. Für das dort diskutierte, aus fünf Ländersektoren bestehende Modell wurden Koeffizienten aus empirischen Unterlagen berechnet. Das Modell ist nur als Beispiel gedacht und erhebt nicht den Anspruch, in jeder Hinsicht mit den Mitteln der theoretischen Statistik und Ökonometrie fundiert zu sein. Die Aussagekraft der Diskussionsergebnisse ist dementsprechend beschränkt.

Erster Teil

Definitionen und Hypothesen

1. Abschnitt

Wichtige Charakteristika der modernen Konjunkturtheorie

1. Obgleich J. M. Keynes' „General Theory of Employment, Interest and Money"[1] als statische Theorie keine Erklärung zyklischer Bewegungsabläufe bietet, sondern mit ihrem Nachweis der Möglichkeit eines Gleichgewichts bei Unterbeschäftigung vorwiegend eine Theorie der Depression ist, steht sie am Anfang der modernen Konjunkturtheorie. Mit der konsequenten Verwendung des „Prinzips der effektiven Nachfrage" brach sie mit dem bis dahin auf der Grundlage des Sayschen Theorems mutatis mutandis akzeptierten klassischen „Prinzip der verfügbaren Produktionsfaktoren"[2]. In den älteren Konjunkturtheorien wirkte sich dieses klassische Prinzip dahingehend aus, daß die Konjunkturzyklen lediglich als vorübergehende Abweichungen von einem Gleichgewicht bei Vollbeschäftigung der vorhandenen Produktionsfaktoren aufgefaßt wurden.

Ein weiterer Beitrag der „General Theory" ist in der Anregung zu sehen, die sie zur Diskussion makroökonomischer Aggregate wie Volkseinkommen, Ersparnis und Investition gab[3]. Diese Größen kehren in den meisten späteren Arbeiten zur Konjunkturtheorie wieder. Allerdings ging man von der durch Keynes eingeführten Messung dieser Größen in Lohneinheiten ab und definierte sie statt dessen güterwirtschaftlich, d. h. in „real terms"[4].

2. Schon im Jahre des Erscheinens der „General Theory" (1936) griff Harrod das von Keynes zur Determination des Nettovolkseinkommens

---

[1] London 1936, Neudruck 1951.

[2] Vgl. H. *Geyer*, Untersuchungen über die Theorie des dynamischen makroökonomischen Kernprozesses, Frankfurter Wirtschafts- und Sozialwissenschaftliche Studien, Heft 2, Berlin 1958, S. 9.

[3] Vgl. z. B. F. A. *Lutz*, The Outcome of the Saving — Investment Discussion, QJE, Vol. LII, 1938, S. 588 ff., wiederabgedruckt in: Readings in Business Cycle Theory, Philadelphia-Toronto 1944 (Neudruck 1951), S. 131 ff.

[4] Vgl. J. R. *Hicks*, A Contribution to the Theory of the Trade Cycle, Oxford 1950, S. 11. Auf die Unterschiede zwischen der Keynesschen „wage-unit" und der „unit in real terms" brauchen wir nicht einzugehen. Vgl. dazu *Hicks*, a.a.O., S. 12 f.

verwendete und von Kahn[5] und seinen Vorläufern[6] entwickelte, auf der Hypothese einer bestimmten Konsumfunktion basierende Multiplikatorprinzip auf und kombinierte es mit dem gleichfalls schon früher bekannten Akzelerationsprinzip[7], dem eine bestimmte Hypothese über die Gestalt der Investitionsfunktion zugrundeliegt. Er lieferte damit einen ersten Beitrag zur Dynamisierung des Keynesschen Systems in Form einer verbalen Beschreibung zyklischer Bewegungsvorgänge.

Eine modelltheoretische Fassung[8] der Kombination von Multiplikator- und Akzelerationsprinzip sowie die mathematische Diskussion möglicher Verlaufstypen der Makrogröße „Nettovolkseinkommen" blieb Samuelson[9] vorbehalten (1939): Je nach der Größenordnung von Multiplikator und Akzelerator kann sich ein konvergenter oder ein explosiver Verlauf ergeben, der von sinusförmigen Schwingungen mit abnehmender oder zunehmender, in Ausnahmefällen auch mit konstanter Amplitude überlagert sein kann. Damit wurde erstmals exakt nachgewiesen, daß mit plausiblen, wenn auch stark vereinfachenden Hypothesen über das Durchschnittsverhalten der Wirtschaftseinheiten zyklische Bewegungsabläufe erklärt werden können. Auf diesem Nachweis, den man nach Belieben schon als Konjunkturtheorie bezeichnen kann oder nicht, bauen weitere Beiträge direkt oder indirekt auf, indem entweder zusätzliche Variablen und Parameter in das Modell aufgenommen oder weitere ökonomische Argumente zur Erklärung bestimmter Verlaufssituationen angeführt werden. Von diesen Arbeiten erwähnen wir im folgenden nur zwei[10].

3. Als besonders wichtiger Beitrag zur modernen Konjunkturtheorie gilt in der Literatur derjenige von Hicks (1950)[11][12]. Sein besonderes

---

[5] Vgl. R. F. *Kahn,* The Relation of Home Investment to Unemployment, EJ, Vol. XLI, 1931, S. 173 ff., wiederabgedruckt in: Readings in Business Cycles and National Income, London 1953, S. 314 ff.

[6] Vgl. die Übersicht bei H. *Hegeland,* The Multiplier Theory, Lund 1954, Kap. I und II.

[7] Vgl. R. F. *Harrod,* The Trade Cycle, Oxford 1936. Zur Entwicklung des Akzelerationsprinzips vgl. z. B. W. *Mieth,* Das Akzelerationsprinzip, Berlin 1954, S. 12.

[8] Unter einer modelltheoretischen Fassung verstehen wir die relationsgetreue Abbildung von Zusammenhängen zwischen ökonomischen Größen auf ein mathematisches System.

[9] Vgl. P. A. *Samuelson,* Interactions between the Multiplier Analysis and the Principle of Acceleration, REStat, Vol. XXI, 1939, S. 75 ff., wiederabgedr. in: Readings in Business Cycle Theory, Philadelphia-Toronto 1941 (Neudruck 1951), S. 261 ff. Im folgenden zitiert als „Interactions".

[10] Vgl. aber auch die ausgezeichnete Hypothesendiskussion und Modellkonstruktion von *Geyer,* a.a.O., besonders S. 149 ff.

[11] J. R. *Hicks,* a.a.O.

[12] Vgl. die Würdigung selbst eines so modellfeindlichen Autors wie W. A. *Jöhr* (Die Konjunkturschwankungen, Tübingen-Zürich 1952, S. 558) aber auch z. B. folgende Autoren: H. *Geyer,* a.a.O., S. 107; H. *Neißer,* Critical

Verdienst liegt in der Verbindung des Zyklenmodells von Samuelson mit dem erstmals 1939 veröffentlichten Wachstumsmodell von Harrod[13]. Weitere Merkmale der Konjunkturtheorie von Hicks sind ein wachsender Strom autonomer, d. h. einkommensunabhängiger Nettoinvestitionen, die den Zyklus „in Gang" halten und zugleich eine Schrumpfungsgrenze des Nettovolkseinkommens mitbestimmen, die kursorische Berücksichtigung von „distributed lags" in der Konsum- und Investitionsfunktion sowie die Konzeption einer Expansionsgrenze des Nettovolkseinkommens, der „ceiling". Die „ceiling" bereitet der explosiven Entwicklung im Aufschwung ein Ende und verleiht dem Modell das Merkmal einer von exogenen Faktoren, wie dem Bestand an natürlichen Ressourcen und dem Stand der Technik, bedingten stückweisen Linearität der Investitionsfunktion.

4. Etwa zu gleicher Zeit entstanden die Konjunkturmodelle von Goodwin[14], der zwar eine im Vergleich zu Hicks weniger eingehende Hypothesendiskussion bietet, die Konzeption einer Expansions- und Schrumpfungsgrenze des Nettovolkseinkommens mit Hilfe eines als variabel angenommenen Investitionskoeffizienten, d. h. eines nichtlinearen Akzelerators, jedoch bereits in die Investitionsfunktion einbaut und nicht explizit mit exogenen Faktoren erklären muß. Während man die Theorie von Hicks als eine Folge von vier aneinandergereihten Modellen für Aufschwung, oberen Wendepunkt, Abschwung und unteren Wendepunkt interpretieren kann, erlaubt das Vorgehen von Goodwin die Konstruktion eines methodisch eleganteren und einheitlicheren Modells[15]. Die Verbindung zwischen Konjunktur- und Wachstumstheorie stellt Goodwin ebenfalls her, indem er in der Zeit wachsende autonome Ausgaben für Konsum und Investition in die Modellgleichungen aufnimmt. Daß Goodwin Differentialgleichungen an Stelle der üblichen Differenzengleichungen verwendet, berührt die inhaltliche Gleichheit beider Theorien nicht — im Gegenteil: Hicks' sogenannter

Notes on the Acceleration Principle, QJE, Vol. 68, 1954, S. 253 ff.; W. *Kraus:* Multiplikator, Akzelerator, Wachstumsrate und Konjunkturzyklus, WWA, Bd. 73, 1954, II, S. 59 ff.

[13] R. F. *Harrod,* An Essay in Dynamic Theory, EJ, Vol. XLIX, 1939, S. 14 ff., wiederabgedruckt in: Readings in Business Cycles and National Income, London 1952, S. 200 ff.; *derselbe,* Towards a Dynamic Economics, London 1948 (Neudruck 1952), S. 63 ff.

[14] Vgl. die zusammenfassende Darstellung: R. M. *Goodwin,* The Nonlinear Accelerator and the Persistence of Business Cycles, Ec, Vol. 19, 1951, S. 1 ff.

[15] Vgl. H. *Todt:* Vergleichende Betrachtung der Konjunkturmodelle von R. M. Goodwin und J. R. Hicks, ZfdgSt, 114. Band, 1958, S. 453. Unsere Aussage bezieht sich hauptsächlich auf das letzte der vier Modelle Goodwins; vgl. a.a.O., S. 8 ff.

„elementary case“[16] läßt sich als Spezialfall des Modells von Goodwin darstellen[17].

5. Aus diesen wenigen Bemerkungen wollen wir nunmehr die uns am wichtigsten erscheinenden Definitionen und Hypothesen der modernen Konjunkturtheorie zusammenstellen:

a) Definitionen:

1. Die Modelle grenzen eine geringe Anzahl von Bereichen einer geschlossenen Wirtschaft funktionell gegeneinander ab. Im allgemeinen werden der Sektor der Haushalte und der Sektor der Unternehmungen unterschieden, indem für jeden dieser Sektoren eine gesonderte Verhaltenshypothese aufgestellt wird.

2. Die in den Modellen auftretenden Größen sind Konsum (bzw. Ersparnis), Nettoinvestition und Nettovolkseinkommen. Die Argumentation mit Nettogrößen schließt nicht aus, daß auch die Ersatzinvestitionen — besonders zur Erklärung des Abschwungs — in die Analysen einbezogen werden[18], etwa mit der Feststellung, daß negative Nettoinvestitionen nur bis zur Höhe unterlassener Ersatzinvestitionen vorstellbar sind.

   Alle Größen sind güterwirtschaftlich, d. h. in „real terms“, definiert; die genannten Untersuchungen sind also „analyses in real terms“. Solche Analysen setzen voraus, daß die in heterogenen Mengeneinheiten ausgedrückten Güter und Dienstleistungen auf eine gemeinsame Basis bezogen werden, die in einem Wertsystem gefunden wird, das die Güter und Dienstleistungen mit Preisen versieht. Das Wertsystem bzw. die Preise dürfen sich nicht ändern, wenn die realwirtschaftlichen Größen zu verschiedenen Zeitpunkten untereinander verglichen werden sollen. Dies bedeutet, daß eingetretene Preisveränderungen mit Hilfe eines Preisindex eliminiert werden müssen, die makroökonomischen Größen also als „money values deflated by the price-level of output“ zu interpretieren sind[19].

b) Hypothesen:

1. Die Annahme über das Verhalten der Haushalte kommt in der Keynesschen makroökonomischen Konsumfunktion zum Ausdruck, die eine Beziehung zwischen der Höhe des Nettovolkseinkommens

---

[16] „Elementary case“ nennt Hicks den Fall, bei dem er „dristributed lags“ ausschließt. Vgl. a.a.O., S. 184.

[17] Dies hat *Todt*, a.a.O., S. 445 ff., nachgewiesen.

[18] Vgl. H. *Geyer*, a.a.O., S. 143 ff.; J. R. *Hicks*, a.a.O., S. 39 ff.; H. *Todt*, a.a.O., S. 452.

[19] Vgl. J. R. *Hicks*, a.a.O., S. 11. Hicks weist auf die Implikationen eines solchen Vorgehens hin und berücksichtigt in seiner verbalen Argumentation divergierende Entwicklungen der Preisindices für Konsum- und Investitionsgüter (vgl. S. 127 ff.).

und der Höhe des Konsums postuliert, welche so geartet ist, daß einer Erhöhung des Volkseinkommens eine Konsumerhöhung entspricht, die jedoch kleiner als der Einkommenszuwachs ist: die marginale Konsumneigung ist kleiner als eins; sie wird im allgemeinen als konstant vorausgesetzt (lineare Konsumfunktion).

In der Konsumfunktion wird meist ein Robertson-lag berücksichtigt: Der Konsum dieser Periode hängt vom Volkseinkommen der vorhergehenden Periode ab[20]. Preisveränderungen[21] beeinflussen den Konsum nicht.

Da die marginale Konsumeignung die Größe des Multiplikators bestimmt, bezeichnen wir diese Hypothese kurz als *Multiplikatorhypothese.*

2. Die Annahme über das Verhalten der Unternehmungen in bezug auf Investitionsentscheidungen kommt in der makroökonomischen Investitionsfunktion zum Ausdruck, nach der sich die gesamten Nettoinvestitionen aus einem induzierten und einem autonomen Teil zusammensetzen.

Die induzierten Nettoinvestitionen verdanken ihre Bezeichnung der Hypothese, daß sie von Veränderungen des Konsums[22] oder des Volkseinkommens[23] abhängen. Dieser Zusammenhang wird als linear (Samuelson), stückweise linear (Hicks) oder nicht-linear (Goodwin) aufgefaßt[24]. Negative Nettoinvestitionen sind nur bis zur Höhe (unterlassener) Ersatzinvestitionen möglich. Aus dieser Hypothese folgen die Wirkungen des Akzelerationsprinzips, und wir bezeichnen sie deshalb als *Akzelerationshypothese.*

Als autonom werden alle jene Nettoinvestitionen definiert, die (zumindest kurzfristig) vom Konsum und vom Volkseinkommen unabhängig sind. Da die Systeme keine weiteren ökonomischen Variablen enthalten, werden die autonomen Nettoinvestitionen im allgemeinen als Funktionen der Zeit angeschrieben und mit Faktoren begründet, die im System nicht explizit berücksichtigt sind. Hierbei sind hervorzuheben die Investitionen der öffentlichen Hand, besonders aber Investitionen auf Grund der Wirksamkeit von Wachstumsfaktoren, wie z. B. des technischen Fortschritts[25]. Wir

---

20 Im Falle von „dristibuted lags“ hängt der Konsum dieser Periode von den Volkseinkommen mehrerer vorausgehender Perioden ab.

21 Den Terminus „Preisveränderungen“ fassen wir hier und im folgenden sehr weit: er bezieht sich auf Güter- und Faktorpreise, schließt auch Änderungen der Zinssätze ein, und umfaßt sowohl absolute als auch relative Preisveränderungen.

22 So z. B. P. A. *Samuelson,* Interactions, S. 265.

23 So z. B. J. R. *Hicks,* a..a.O., S. 38.

24 Auf die Frage der stückweisen Linearität bzw. Nichtlinearität werden wir bei Erörterung der Hypothese (3) noch zurückkommen.

25 Vgl. J. R. *Hicks,* a.a.O., S. 59; W. *Mieth,* a.a.O., S. 55.

wollen daher — etwas verallgemeinernd — sagen, die autonomen Nettoinvestitionen drücken eine *Wachstumshypothese* aus[26].

Es bleibt noch anzumerken, daß Preisveränderungen — hier wäre besonders an Veränderungen der Zinssätze zu denken — kein dominierender Einfluß auf das Investitionsvolumen zuerkannt wird[27].

3. Der möglichen Höhe des Volkseinkommens sind nach oben und unten Grenzen gesetzt, die sich im Zeitablauf ändern können. Die Expansionsgrenze bestimmt sich nach den vorhandenen natürlichen Ressourcen, insbesondere dem Arbeitsangebot[28] und dem Stand des technischen Wissens. Die Schrumpfungsgrenze wird durch die Eigenschaften der Konsumfunktion und die Höhe der autonomen Nettoinvestitionen gegeben und läßt sich mathematisch als die Partikulärlösung eines abwärts gerichteten konvergierenden Multiplikatorprozesses beschreiben[29]. Hat das Volkseinkommen eine der Grenzen erreicht, so wird nach Hicks die bisher geltende Investitionsfunktion durch eine solche mit einer anderen Akzelerationskonstanten ersetzt (stückweise lineare Investitionsfunktion).

In der Investitionsfunktion des Modells von Goodwin ist von vornherein ein mit der Veränderung des Volkseinkommens variierender Akzelerator berücksichtigt (nicht-lineare Investitionsfunktion). Da der so erfolgende Einbau der erwähnten Grenzen in die Investitionsfunktion in komplizierteren Systemen mathematische Schwierigkeiten bereitet, wurde die *Hypothese der Expansions- und Schrumpfungsgrenzen* hier gesondert ausgewiesen.

6. Damit haben wir die wichtigsten Charakteristika der modernen Konjunkturtheorie aufgezeigt und können nun das Anliegen dieser Arbeit deutlicher aussprechen.

Es soll gezeigt werden, daß ein volkswirtschaftliches System in eine beliebige Zahl sinnvoll abgegrenzter Sektoren aufgespalten werden kann und die Größen eines solchen Sektorenmodells zweckmäßigerweise als monetäre, von Preisänderungen nicht bereinigte Einnahmen- und Ausgabenströme zu definieren sind. Wir modifizieren damit die oben angeführten Definitionen der Konjunkturtheorie in bezug auf die Abgrenzung der Sektoren und die Variablen der Systeme. Wir haben dementsprechend auch nachzuweisen, daß die Hypothesen der Konjunkturtheorie einer allgemeineren Interpretation zugänglich und zur Verwendung in Sektorenmodellen geeignet sind. Einzelne Ansätze

---

[26] Als (langfristiger) Wachstumsfaktor kommt auch das Bevölkerungswachstum in Betracht.

[27] Vgl. z. B. die nachträgliche kursorische Behandlung des „monetären Faktors" bei *Hicks*, a.a.O., S. 136 ff.

[28] Vgl. J. R. *Hicks*, a.a.O., S. 83, 95; H. *Geyer*, a.a.O., S. 152 ff.

[29] Vgl. J. R. *Hicks*, a.a.O., S. 102 f.; H. *Geyer*, a.a.O., S. 154 ff.

in dieser Richtung, auf die wir zurückgreifen können, liegen bereits vor; uns bleibt nur die Aufgabe, zu verallgemeinern und zusammenzufassen[30].

Die beiden wichtigsten Hypothesen, die Multiplikator- und Akzelerationshypothese, werden wir in der Form linearer Ausgabenfunktionen den Modellkonstruktionen des zweiten und dritten Teils zugrundelegen. Die Wachstumshypothese läßt sich ohne Schwierigkeiten in diesen Modellen berücksichtigen[31]. Von einem Einbau der Expansions- und Schrumpfungsgrenzen durch die Annahme stückweise linearer oder nicht-linearer Funktionen sehen wir ab, um die Systeme nicht zu kompliziert zu gestalten, werden jedoch die Probleme kurz erörtern, die damit aufgeworfen werden.

2. Abschnitt

Definitionsprobleme

Mit den früher erwähnten Definitionen der modernen Konjunkturtheorie verbinden sich die folgenden allgemeinen Definitionsprobleme:

Es ist erstens zu entscheiden, in wieviele Bereiche oder Sektoren ein makroökonomisches System eingeteilt werden soll und nach welchen Kriterien die Aufspaltung vorgenommen werden kann. Wir kennzeichnen diese Frage kurz als das Problem der Abgrenzung von Sektoren oder das Problem der Disaggregation.

Es sind zweitens die Größen, welche die Sektoren repräsentieren sollen, auszuwählen und inhaltlich zu erläutern. Diese Frage betrifft das Problem der Definition der Modellgrößen.

1. Zum Problem der Disaggregation

Beim Problem der Aufspaltung einer Wirtschaft in Sektoren läßt sich die Frage nach dem Grad der Disaggregation von der Frage nach der Art der Disaggregation unterscheiden.

1. Die Sektorenanalyse läßt prinzipiell einen beliebigen Grad der Disaggregation zu. Die Frage, in wieviele Sektoren ein makroökonomisches System aufgespalten werden soll, läßt sich selten eindeutig beantworten. Die Entscheidung über die Zahl der Sektoren wird von der Problemstellung der Untersuchung bestimmt.

Für den optimalen Grad der Disaggregation gilt eine Forderung, die allerdings mangels ausreichender statistischer Informationen kaum er-

---

30 Dies gilt besonders für die Multiplikatorhypothese.

31 Es wird sich jedoch herausstellen, daß auch ohne zeitabhängige autonome Ausgaben (Investitionen), mit denen wir die Wachstumshypothese charakterisierten, eine Entwicklung um einen wachsenden Trend möglich ist.

füllbar ist, wenn die Theorie auf empirische Tatbestände angewendet werden soll: Die Zahl der Sektoren ist so zu wählen, daß die in ihnen zusammengefaßten Wirtschaftseinheiten ein möglichst einheitliches und gleichmäßiges Verhalten zeigen. Damit wird sichergestellt, daß die Parameter der Verhaltensfunktionen des Systems eine gewisse Stabilität zeigen[1]. Die Disaggregation soll nicht so weit geführt werden, daß sich Zufallsentscheidungen einzelner bemerkbar machen; das Gesetz der großen Zahl darf nicht außer Kraft gesetzt werden.

Die Sektorenanalyse bleibt somit im Bereich der Makrotheorie. Ihre Funktionen beschreiben ein Durchschnittsverhalten der in Sektoren zusammengefaßten Wirtschaftseinheiten. Das für den allgemeinen Fall ungelöste Problem der Aggregation mikroökonomischer Funktionen zu makroökonomischen Funktionen[2] tritt in diesem Zusammenhang nicht auf.

2. Auch die Art der Disaggregation hängt vom Ziel der jeweiligen Untersuchung ab. Prinzipiell kann man nach funktionellen und regionalen Merkmalen unterteilen[3].

In der modernen Konjunkturtheorie beschränkt man sich im allgemeinen auf die funktionelle Abgrenzung zwischen Haushalten und Unternehmungen[4]. Der Sektor der Unternehmungen könnte funktionell weiter unterteilt werden in Sektoren der Produktions- und Dienstleistungsunternehmungen, der Produktionssektor wieder in einen Konsumgüter- und einen Investitionsgütersektor o. ä. In den älteren Konjunkturtheorien, die dem sogenannten „monetären Faktor" eine wichtige Rolle in der Konjunkturerklärung zuschrieben, wurde z. B. explizit der Sektor der Banken betrachtet[5]. In der finanzwissenschaftlichen Literatur, die jedoch das Gebiet der eigentlichen Konjunkturtheorie weniger tangiert, erscheint als weiterer Sektor der Staat[6]. Damit sind die wichtigsten Arten von Sektoren, die bei funktioneller Abgrenzung auftreten können, bereits genannt. Eine zusätzliche Aufgliederung jedes einzelnen dieser Sektoren, die unsere Analyse prinzipiell zuläßt, betrifft den oben behandelten Grad der Disaggregation. So kann man z. B. den Sektor der Haushalte weiter aufspalten nach dem Merkmal von Einkommensklassen oder nach Unternehmer- und Nichtunternehmerhaushalten.

---

[1] Vgl. J. S. *Chipman,* Theory, S. 54.

[2] Vgl. dazu E. *Bössmann,* Probleme einer dynamischen Theorie der Konsumfunktion, Frankfurter Wirtschafts- und Sozialwissenschaftliche Studien, Heft 1, Berlin 1957, S. 64 ff.

[3] Vgl. J. S. *Chipman,* Theory, S. 47 ff.

[4] Vgl. hierzu S. 14.

[5] Hierher gehören die „rein" monetäre Konjunkturtheorie und die monetäre Überinvestitionstheorie. Vgl. dazu G. *Haberler,* Prosperität und Depression, übersetzt nach der 3. Aufl. (1941), Bern 1948, S. 25 ff., S. 41 ff.

[6] Vgl. als repräsentative Arbeit aus dem Gebiet der Finanztheorie z. B. H. *Haller,* Finanzpolitik, Tübingen-Zürich 1957.

Die regionale Abgrenzung der Sektoren gehört in das Gebiet der Theorie der internationalen Wirtschaftsbeziehungen bzw. der Raumwirtschaftstheorie. Als Musterbeispiel dient hier die später noch zu erwähnende Theorie des Außenhandelsmultiplikators, soweit sie — in ihrer entwickelten Form — mehrere Länder oder auch Regionen eines Landes simultan untersucht[7]. Dabei kann man z. B. nach dem Grad der sozialen und kulturellen Gemeinsamkeiten, dem Stand der wirtschaftlichen Entwicklung oder der Art der Außenwirtschaftspolitik mehrere Länder oder Regionen in einem Sektor zusammenfassen[8].

Selbstverständlich ist auch eine Disaggregation nach funktionellen und zusätzlich nach regionalen Merkmalen möglich.

Es ist schließlich noch zu bemerken, daß bei der Frage der Disaggregation auch praktisch-rechnerische Überlegungen und die Rechenhilfsmittel, die zur Hand sind, entscheiden. Je geringer die Rechenhilfsmittel sind, desto kleiner muß die Zahl der zu untersuchenden Sektoren gewählt werden.

2. Zur Definition der Modellvariablen

a) Die Auswahl der Variablen

1. Die in der Konjunkturtheorie verwendeten Variablen „Konsum" und „Nettoinvestition", deren Summe die Variable „Nettovolkseinkommen" oder „Wertschöpfung" ergibt, werden zur Beschreibung der gesamten ökonomischen Aktivität einer geschlossenen Wirtschaft als ausreichend erachtet. In den Modellen erscheinen dementsprechend nicht alle in einer Volkswirtschaft fließenden Kreislaufströme, sondern nur jene, die zur Wertschöpfung beitragen.

Wir wollen untersuchen, ob sich eine Sektorenanalyse auf solche Kreislaufströme beschränken kann, oder ob weitere Kreisläufe zu beachten sind.

2. Wir versuchen zunächst, am hypothetischen Beispiel einer geschlossenen Wirtschaft mit den funktionell abgegrenzten Sektoren „Haushalte" und „Unternehmungen" alle Kreislaufströme als Ausgabenströme zu klassifizieren.

Dabei berücksichtigen wir jedoch hier und im folgenden nur solche Ausgaben, die Entgelt für Güter und Dienstleistungen[9] sind, schalten also rein finanzielle Transaktionen aus der Betrachtung aus[10]. Wir

[7] Vgl. S. 27 f.

[8] Ein empirisches Beispiel eines Modells mit fünf regional abgegrenzten Sektoren wird im III. Teil behandelt.

[9] Einschließlich Arbeits- und Unternehmerleistungen.

[10] Darin sind eingeschlossen alle Transaktionen der Haushalte bzw. Unternehmungen mit Banken. Nicht betrachtet werden auch Steuer- und Transferzahlungen.

nehmen außerdem an, daß die Ausgabenströme gleichzeitig mit den Strömen und in gleichem Umfang wie die Ströme der empfangenen Leistungen fließen. Diese Annahme bedeutet, daß sich der Begriff „Ausgaben" auf den Zeitpunkt des Entstehens von Verbindlichkeiten aus Güter- und Dienstleistungskäufen bezieht[11]. Zur Verdeutlichung der folgenden Klassifikation dient das Schema der Figur 1.

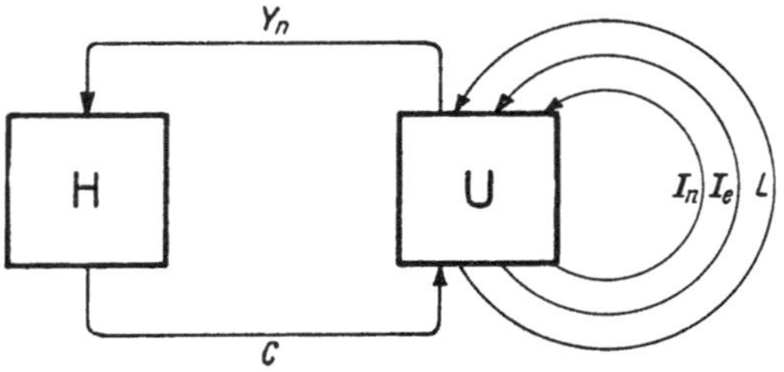

Figur 1

a) Die Haushalte H leisten Ausgaben C für den Kauf von Konsumgütern an die Unternehmungen U[12].

b) Die Unternehmungen U haben Ausgaben Y_n in Höhe der Wertschöpfung an die Haushalte H für empfangene Nichtunternehmer- und Unternehmerleistungen.

c) Die Unternehmungen U leisten folgende Ausgaben an den eigenen Sektor:

   1. Ausgaben I_n für Güter, die der Nettoinvestition dienen, die also den volkswirtschaftlichen Bestand an Anlagen und/oder den Lagerbestand vergrößern[13].

   2. Ausgaben I_e für Güter, welche die Ersatzinvestition repräsentieren, d. h. der Erhaltung des Bestands an Anlagen dienen.

   3. Ausgaben L für Güter[14], die weder der Nettoinvestition noch der Ersatzinvestition im oben definierten Sinne zuzurechnen

[11] Vgl. hierzu die Unterscheidung der Begriffspaare „Ausgaben — Einnahmen" und „Auszahlungen — Einzahlungen" bei E. *Schneider*, Einführung in die Wirtschaftstheorie, I. Teil, Theorie des Wirtschaftskreislaufs, 7. Aufl., Tübingen 1958, S. 35 f. „Auszahlungen" und „Einzahlungen" sind reine Kassenbegriffe und beziehen sich auf den Zeitpunkt der Begleichung von Verbindlichkeiten und Forderungen; „Ausgaben" und „Einnahmen" kennzeichnen den Zeitpunkt ihres Entstehens.

[12] Ausgaben der Haushalte H an den eigenen Sektor — etwa für persönliche Dienstleistungen — werden vernachlässigt. Ersparnisse scheiden definitionsgemäß aus der Betrachtung aus.

[13] Diese Ausgabenkategorie kann negativ sein und rechnet sich dann gegen Ausgaben für Ersatzinvestitionen auf.

[14] Einschließlich Dienstleistungen, die von anderen Unternehmungen in Anspruch genommen werden.

sind. Da ein Großteil dieser Güter über die Einkaufslager der Unternehmungen geht, könnte man überspitzt formulieren, bei dieser Kategorie handele es sich um Ausgaben, die der Erhaltung des Lagerbestands, also der „Ersatzinvestition in Lagern" dienen[15].

Betrachten wir nun an Stelle einer geschlossenen eine offene Wirtschaft, so haben wir zusätzlich Ausgaben an ausländische Wirtschaftseinheiten zu berücksichtigen, die alle unter a) bis c) genannten Ausgaben an inländische Wirtschaftseinheiten entsprechend kürzen können.

Die Ausgaben inländischer Wirtschaftseinheiten an inländische Wirtschaftseinheiten stellen zugleich Einnahmen inländischer Wirtschaftseinheiten dar. In der offenen Wirtschaft treten zu diesen noch die Einnahmen von ausländischen Wirtschaftseinheiten; die Wertschöpfung ist um den Saldo der Leistungsbilanz zu berichtigen.

Mit dieser Klassifikation haben wir nicht nur die Kreisläufe erfaßt, die zur Wertschöpfung beitragen, sondern alle (auf Güter- und Dienstleistungskäufen beruhenden) Transaktionen der betrachteten Volkswirtschaft.

3. Für die Sektorenanalyse besteht prinzipiell die Möglichkeit, diese Transaktionen restlos zu berücksichtigen[16]. Die Variablen eines Modells sind dann die Ausgaben und Einnahmen jedes einzelnen Sektors, die zugleich seine ökonomische Aktivität beschreiben. Dabei ist gleichgültig, ob die Sektoren wie in dem oben gegebenen Beispiel oder nach anderen Kriterien gebildet worden sind.

4. An die Stelle der in dem Beispiel angeführten Klassifikation der Ausgaben tritt in der Sektorenanalyse folgende einfache Unterscheidung[17/18]: Ein Sektor leistet im allgemeinen Fall Ausgaben

a) an den eigenen Sektor,

b) an alle anderen Sektoren.

---

[15] Die gebräuchliche Definition der Bruttoinvestition umfaßt nur die unter 1. und 2. genannten Kategorien (vgl. z. B. E. *Schneider*, a.a.O., S. 46 f.). Bezüglich der Lager registriert sie nur Lagerveränderungen, nicht aber die laufende Wiederbeschaffung zur Erhaltung des Lagerbestands. Dagegen ist die „Ersatzinvestition in Anlagen" in die Definition eingeschlossen.

[16] Für empirische Untersuchungen stehen allerdings nicht immer ausreichende Unterlagen über alle Transaktionen zur Verfügung. Vgl. dazu die Notlösung im III. Teil der Arbeit, S. 85 f.

[17] Vgl. J. S. *Chipman*, Theory, S. 21 f.

[18] *Chipman* unterscheidet auch nach Ausgaben „for goods and services (commodity transactions)", „for evidences oft debt (financial transactions)" und Ausgaben „for nothing, i. e., transfer payments and taxes (donations)" (Theory, S. 26). Wir beschränken die Untersuchung, wie bereits früher betont (S. 19), auf die „commodity transactions", weil die später zu formulierenden Hypothesen nur für diese Ausgaben Gültigkeit beanspruchen können.

Daraus folgt, daß ein Sektor im allgemeinen Fall Einnahmen vom eigenen und von allen anderen Sektoren erhält.

Die Ausgaben eines Sektors an den eigenen Sektor definieren wir kurz als Innenumsätze. Die Differenz zwischen den Einnahmen eines Sektors von anderen Sektoren und seinen Ausgaben an andere Sektoren bezeichnen wir als seine Außenbilanz.

Die Interpretation der Ausgaben- und Einnahmenströme in der herkömmlichen Terminologie der Konjunkturtheorie hängt von der Art der vorgenommenen Disaggregation ab. Bei funktioneller Disaggregation eines Systems in jeweils einen[19] oder mehrere Sektoren „Haushalte" und „Unternehmungen" repräsentieren z. B. die Ausgaben der Haushalte die Konsumausgaben, ihre Einnahmen von den Unternehmungen das Nettovolkseinkommen. Bei regionaler Disaggregation nach Ländern stellen die Ausgaben eines Landes an andere Länder den Wert seiner Importe, die Einnahmen eines Landes von anderen Ländern den Wert seiner Exporte dar.

b) Zur Problematik der güterwirtschaftlichen und monetären Betrachtungsweise

1. Die Wahl der Ausgaben und Einnahmen jedes Sektors als Variablen des Modells wirft die Frage auf, ob diese Größen mit Hilfe von Indizes von Preisveränderungen zu bereinigen sind oder nicht. Die Beantwortung dieser Frage bestimmt zugleich, ob die Analyse in „real terms" oder „monetary terms" durchgeführt wird.

2. Die „analysis in real terms" untersucht nicht die Güterströme[20] selbst, sondern ihr monetäres, in konstanten Preisen bewertetes Äquivalent[21]. Trotzdem ist es gerechtfertigt, diese Untersuchungsmethode als güterwirtschaftliche Analyse zu bezeichnen, da die von Preisveränderungen bereinigten Geldströme als gemeinsamer Nenner der Güterströme angesehen werden können, die in entgegengesetzter Richtung fließen.

Ändert sich ein solcher Geldstrom, so ändert sich der durch ihn repräsentierte Güterstrom notwendigerweise proportional[22]. Etwa eingetretene, aber eliminierte Preisveränderungen haben per definitionem keinen Einfluß auf die Dispositionen der Wirtschaftseinheiten über

---

[19] Hierbei handelt es sich natürlich um den Spezialfall einer Sektorenanalyse, deren Grad und Art der Disaggregation der modernen Konjunkturtheorie entspricht.

[20] Im folgenden seien mit der Bezeichnung „Güter" auch Dienstleistungen gemeint.

[21] Man spricht daher auch von einer „monetary analysis in real terms".

[22] Genau genommen darf sich auch die Zusammensetzung des Güterstroms aus Gütern verschiedener Kategorien nicht ändern. Diese Annahme ist notwendig zur Bewertung eines Güterstroms in Preisen des Basisjahres. Das damit angeschnittene Indexproblem wollen wir nicht weiter verfolgen.

Güter. Die Vertreter der modernen Konjunkturtheorie entscheiden sich, zumeist ohne nähere Erörterung der Vor- und Nachteile, zugunsten der güterwirtschaftlichen Analyse[23]; die sogenannten „monetären Faktoren“, deren Einfluß auf die realen Größen über Preisveränderungen[24] zuweilen diskutiert wird, spielen insgesamt eine recht bescheidene Rolle[25]. Zwar wird allgemein die Forderung nach einer Integration von Geldtheorie und güterwirtschaftlicher Analyse zu einer allgemeinen Wirtschaftstheorie anerkannt; trotzdem ist es bisher nicht gelungen, die gewiß vielversprechenden Ansätze[26] in die Konjunkturtheorie einzubauen. Die „real analysis“ ist, indem sie den „Geldschleier“ hinwegdefiniert, in dieser Hinsicht noch durchaus als klassische Theorie anzusprechen.

3. Die „analysis in monetary terms“ sieht von einer Bereinigung der Geldströme von Preisveränderungen ab. Von der Veränderung eines Geldstroms kann in diesem Fall nicht eindeutig auf eine Veränderung des entgegengerichteten Güterstroms geschlossen werden. Einflüsse von Preisveränderungen auf die Güterdispositionen der Wirtschaftseinheiten können zugelassen werden.

Das Problem einer Integration von geld- und güterwirtschaftlicher Analyse bleibt jedoch ungelöst, solange man nicht eindeutig angeben kann, von welcher Art und Intensität die monetären Einflüsse sind. Wird nur der nicht von Preisveränderungen bereinigte Geldkreislauf eines Systems bzw. dessen Veränderung untersucht, so darf höchstens die Vermutung ausgesprochen werden, daß die Veränderung des Güterkreislaufs tendenziell einem Wachstums- oder Schrumpfungsprozeß des Geldkreislaufs gleichgerichtet ist. Hierfür lassen sich zwei einfache, aber plausible Argumente anführen: Einmal spricht die Bereitschaft der Wirtschaftseinheiten, zusätzlichen Kredit aufzunehmen oder „idle balances“ aufzulösen — beides gleichbedeutend mit einer Expansion des Geldkreislaufs — dafür, daß zusätzliche Gütertransaktionen irgendwelcher Art durchgeführt werden. Andererseits deutet der empirische Tatbestand der Expansion der Geldmenge im Aufschwung und ihrer Kontraktion im Abschwung darauf hin, daß ein solcher Zusammenhang besteht.

---

[23] Vgl. S. 14. In der Wachstumstheorie verfährt man ebenso. Vgl. z. B. G. *Bombach*, Zur Theorie des wirtschaftlichen Wachstums, WWA, Bd. 70, 1953, S. 110 ff.

[24] Einschließlich Veränderungen der Zinssätze.

[25] Vgl. z. B. die schon erwähnte Behandlung des „monetären Faktors“ bei J. R. *Hicks*, a.a.O., S. 136 ff.

[26] Wir erwähnen hier nur die aus der Keynesschen Liquiditätspräferenzfunktion entwickelte Theorie der Vermögenshaltung (vgl. hierzu z. B. R. M. *Musgrave*, Money, Liquidity and the Valuation of Assets, in: Money, Trade and Economic Growth, in Honor of J. H. Williams, New York 1951, S. 216 ff.).

4. Haben sich nach der bisherigen Argumentation die beiden Untersuchungsmethoden als gleichermaßen unvollkommen erwiesen, so sind es zwei Gründe, die uns für ein Arbeiten mit nicht-deflationierten Größen zu sprechen scheinen, von denen der erste grundsätzlicher, der zweite praktischer Natur ist.

Erstens braucht die monetäre Analyse nicht mit der wirklichkeitsfremden Annahme konstanter Preise belastet zu werden. Sie läßt absolute und relative Preisveränderungen zu und schließt die dadurch hervorgerufenen aktiven Einflüsse von Veränderungen des Geldkreislaufs auf den Güterkreislauf nicht aus[27].

Zweitens erspart bei der empirischen Anwendung der Theorie das Arbeiten mit monetär definierten Größen den mit vielen grundsätzlichen und praktischen statistischen Schwierigkeiten behafteten Prozeß der Preisdeflationierung; denn das statistische Material liegt vielfach nur in nicht von der Preisentwicklung bereinigter Form vor, die Zeitreihen sind auf verschiedene Basisjahre bezogen oder anders gewichtet.

Wir entscheiden uns daher für eine „analysis in monetary terms" und definieren die Variablen „Ausgaben" bzw. „Einnahmen" unserer Modelle als nicht von Preisveränderungen bereinigte Geldströme.

3. Abschnitt

Die Multiplikatorhypothese

Als erste der in die Modellkonstruktionen des zweiten und dritten Teils zu übernehmenden Hypothesen soll die Multiplikatorhypothese erläutert werden.

Wir wollen zunächst die Fragestellung der Multiplikatortheorie allgemein formulieren und im Anschluß daran die Entwicklung spezieller Multiplikatoren kurz kennzeichnen, um zu verdeutlichen, welche Spielart unseren Modellen zugrunde liegt. Die bei diesem Ansatz zu verwendenden Ausgabenfunktionen werden wir dann beschreiben.

1. Die allgemeine Fragestellung der Multiplikatortheorie

1. Gegenstand der Multiplikatortheorie[1] ist die Untersuchung eines Kreislaufstroms, wenn in den Kreislauf autonom, d. h. vom Kreislauf-

[27] Hier wäre auch an Veränderungen des Zinssatzes zu denken, die in der „rein" monetären Konjunkturtheorie und der monetären Überinvestitionstheorie des Konjunkturzyklus eine so wichtige Rolle spielen. (Vgl. dazu G. *Haberler*, a.a.O., S. 26, 41 ff.) Sie finden in einer konsequent realwirtschaftlichen Theorie keinen Platz.

[1] Wir nehmen vorerst an, daß die Akzelerationshypothese keine Rolle spielt.

volumen selbst unabhängig, Beträge[2] einfließen („injections")[3]. Es ist zugelassen, daß auf Grund der dadurch hervorgerufenen Veränderung des Kreislaufvolumens Teile des Kreislaufstroms „versickern" („leakages") und/oder weitere Beträge zufließen (negative „leakages")[4].

In einem ökonomischen Modell, auf das der Kreislauf abgebildet wird, erscheinen die autonom einfließenden Beträge als Parameter und das Kreislaufvolumen als die untersuchte Variable. Parameter eines Modells sind alle Größen, die von anderen Größen des Modells unabhängig sind[5]. Variablen sind Größen, die mit anderen Größen funktional verbunden sind.

Die auf Grund der Veränderung des Kreislaufvolumens abfließenden oder zusätzlich einfließenden Beträge werden durch die Verhaltensfunktionen des Modells beschrieben.

2. Die statische Multiplikatortheorie beschränkt sich auf die Untersuchung der Frage, welche Veränderung des Gleichgewichtswertes einer Variablen sich durch die Veränderung eines Parameters ergibt. Das Verhältnis dieser beiden Veränderungen wird als Multiplikator bezeichnet. Man kann den Multiplikator berechnen, indem man das Modell nach der Variablen auflöst und dann nach dem Parameter differenziert[6].

Die Fragestellung der dynamischen Multiplikatortheorie ist umfassender. Sie fragt nicht nur, welcher Gleichgewichtswert der Variablen einem bestimmten Wert des Parameters entspricht, sondern untersucht auch, ob und auf welchem Weg die Variable im Zeitablauf dem Gleichgewichtswert zustrebt. Man erhält diesen Gleichgewichtswert, indem man das dynamische Modell ebenfalls nach der Variablen auflöst und dann eine zeitunabhängige, partikuläre Lösung der so

---

2 Wir verwenden diesen Terminus mangels eines anderen neutralen Ausdrucks.

3 „Injections" können auch negativ sein.

4 Vgl. zur Bedeutung der leakages z. B. F. *Machlup*, International Trade and the National Income Multiplier, Philadelphia 1943 (Neudruck 1950), bes. S. 14 ff.; J. E. *Meade*, The Balance of Payments, London-New York-Toronto 1951 (Neudruck 1954), S. 55 ff.

5 Zu den Parametern rechnen wir also Größen wie autonome Investitionen, autonome Konsumausgaben, aber auch die Koeffizienten der Funktionen, wie z. B. die marginale Konsumneigung.

6 Die Feststellung von W. F. *Stolper*: „Es gibt so viele Multiplikatorformeln als man Systeme aufbauen kann", erscheint uns nicht ganz exakt, denn man kann in einem einzigen Modell jede Variable auf jeden Parameter beziehen, so daß die Zahl der möglichen Multiplikatoren innerhalb eines Modells gleich der Zahl der Variablen mal der Zahl der Parameter ist. (Vgl. W. F. *Stolper*, Stand und ungelöste Probleme der Theorie des Außenhandelsmultiplikators, ZfdgSt, Bd. 108, 1952, S. 619). — Klarer dagegen H. *Hegeland* (a.a.O., S. 153): „The proposition (of the multiplier principle, d. V.) applies to the effects of a marginal change in any one economic variable upon another variable of which it is a component part." Ähnlich O. *Lange*, The Theory of the Multiplier, Ec, Vol. 11, 1943, S. 227.

entstandenen Differenzengleichung aufsucht[7]. Die Entwicklung der Variablen in der Zeit ist aus den Eigenschaften der Differenzengleichung abzuleiten. — Eine solche Untersuchung wird auch als Diskussion des Modells bezeichnet.

Es ist zu betonen, daß es sich in der statischen wie in der dynamischen Multiplikatortheorie um einen beliebigen Parameter, eine beliebige Variable und um ein beliebig kompliziertes Modell handeln kann[8]. Im Interesse terminologischer Klarheit sollte stets angegeben werden, welche Variable auf welchen Parameter bezogen wird.

2. Zur Entwicklung spezieller Multiplikatortheorien[9]

1. Im Verlauf der letzten zwanzig Jahre konzentrierte sich das Interesse zunächst auf Multiplikatoranalysen, bei denen das Nettovolkseinkommen die untersuchte Variable ist und autonome Investitions- oder Konsumausgaben als Parameter verändert werden. Durch die Aufnahme zusätzlicher und die Spezifizierung vorhandener Hypothesen sind die Multiplikatorformeln immer komplizierter geworden.

Aus dieser Entwicklung sind zwei Richtungen hervorzuheben: Erstens versuchte man, die ökonomische Aktivität des Staates in die Modelle einzubeziehen und ihre Wirkungen zu untersuchen[10]. Sie interessiert uns im folgenden nicht. Zweitens wurde die Multiplikatoranalyse auf Systeme offener Wirtschaften angewendet. Diese Entwicklungslinie wollen wir kurz aufzeigen.

2. Bereits Kahn und Keynes hatten erkannt, daß Ausgaben an das Ausland für Importe auf das Volkseinkommen die gleiche Wirkung haben wie Ersparnisse[11]: Sowohl Ersparnisse als auch Importe ent-

---

[7] Im Falle der Sektorenanalyse handelt es sich dabei nicht nur um eine, sondern um ein System von Differenzengleichungen. Vgl. dazu Teil II, S. 49 f.

[8] Der Feststellung des Theoretischen Ausschusses des Vereins für Sozialpolitik, daß die Multiplikatortheorie lediglich der Beantwortung der Frage dient, wie sich das Volkseinkommen bei Veränderung eines für den volkswirtschaftlichen Kreislauf relevanten Parameters ändert, können wir daher nicht voll beipflichten. (Vgl. den Diskussionsbericht in H. *Giersch* und R. *Richter*, Beiträge zur Multiplikatortheorie, Hrsg. E. *Schneider*, Berlin 1954, S. 46). Denn diese Definition übersieht, daß z. B. das Prinzip des Kreditschöpfungsmultiplikators ebenfalls ein Spezialfall des allgemeinen Multiplikatorprinzips ist.

[9] Wir beabsichtigen nicht, eine dogmenhistorische Darstellung der Multiplikatortheorie zu geben, sondern zeigen diejenige Entwicklung, die zur Formulierung des Sektorenmultiplikators führt. Zur Geschichte der Multiplikatortheorie vgl. H. *Hegeland*, a.a.O., Chapters I and II.

[10] Hieraus entstand z. B. die Diskussion um das Haavelmo-Theorem. Vgl. T. *Haavelmo*, Multiplier Effects of a Balanced Budget, Ec, Vol. 13, 1945, S. 311 ff.

[11] Vgl. R. F. *Kahn*, a.a.O., S. 188, und J. M. *Keynes*, a.a.O., S. 120. Chipman spricht die erstmalige Erkenntnis dieses Sachverhaltes erst Harrod zu. Vgl. J. S. *Chipman*, Theory, S. 14.

ziehen dem Einkommenskreislauf Beträge, die zur Reproduktion von Einkommen wegfallen. Man spricht daher vom „home leakage" und vom „foreign leakage"[12].

Aber erst Metzler[13], Lange[14] und Machlup[15] brachten im Rahmen der Theorie des sogenannten Außenhandelsmultiplikators die Bedeutung der „foreign leakages" zu voller Geltung, indem sie die durch Außenhandel verbundenen Einkommenskreisläufe mehrerer Länder zugleich betrachteten und damit die sogenannten „foreign repercussions" erkannten: In einem Zwei-Länder-Modell reproduzieren sich Einkommensbeträge, die über das „foreign leakage" aus dem Kreislauf des Landes I abfließen, im Kreislauf des Landes II und vice versa. Mit anderen Worten: Importe des ersten Landes sind identisch mit Exporten des zweiten Landes, fließen als zusätzliches Einkommen dem Kreislauf des zweiten Landes zu, von dem Teilbeträge wiederum über das „home leakage", aber auch über das „foreign leakage" abfließen und auf den Kreislauf des ersten Landes zurückwirken.

Dadurch ist über Exporte und Importe ein funktionaler Zusammenhang zwischen den Volkseinkommen beider Länder hergestellt. Unterstellt man für beide Länder eine Importfunktion mit einer Steigung, die positiv und kleiner als eins ist (ein Einkommenszuwachs wird teilweise zu zusätzlichen Importen verwendet), so steigt bzw. schrumpft bei Erhöhung bzw. Verminderung des Volkseinkommens des einen auch das Volkseinkommen des anderen Landes[16]; es ergibt sich prinzipiell eine gleichgerichtete Konjunkturbewegung in beiden Ländern[17].

---

[12] Vgl. J. E. *Meade,* a.a.O., z. B. S. 55, 59.

[13] L. A. *Metzler,* Underemployment Equilibrium in International Trade, Ec, Vol. 10, 1942, S. 97 ff.

[14] O. *Lange,* a.a.O., S. 227 ff.

[15] F. *Machlup,* International Trade and the National Income Multiplier, a.a.O., passim.

[16] Eine übersichtliche graphische Darstellung des Zusammenhangs an Hand eines statischen Systems gibt R. *Robinson,* A Graphical Analysis of the Foreign Trade Multiplier, EJ, Vol. LXII, 1952, S. 546 ff. Vgl. aus der weiteren reichhaltigen Literatur z. B. auch Ch. P. *Kindleberger,* International Economics, Homewood/Ill. 1955, bes. S. 171 ff.; W. F. *Stolper,* a.a.O., bes. S. 617 ff.; L. A. *Metzler,* The Theory of International Trade, in: H. S. *Ellis* (ed), A Survey of Contemporary Economics, Vol. I, Homewood/Ill. 1952, S. 210 ff.; J. J. *Polak,* The Foreign Trade Multiplier, AER, Vol. XXXVII, 1947, S. 889 ff.; D. B. *Marsh,* World Trade and Investment, New York 1951, Chapters IX-XI, XVI-XVIII.

[17] Eine Interdependenz nationaler Volkswirtschaften kannte natürlich auch schon die klassische Theorie. Bei Voraussetzung der Goldwährung und des Goldautomatismus sowie der Gültigkeit der Quantitätstheorie vollzieht sich der Ausgleich der Zahlungsbilanz über zwischenstaatliche Goldbewegungen und simultane, aber entgegengesetzt gerichtete Bewegungen der Preisniveaus der Länder. In einem Zwei-Länder-Modell fließt ein Goldstrom vom Importüberschuß-Land zum Exportüberschuß-Land. Er bewirkt im ersten Land wegen der Verknappung der Zahlungsmittel über den von der Quantitätstheorie unterstellten Mechanismus ein Sinken, im zweiten

3. Die Theorie des Außenhandelsmultiplikators wurde bereits von Machlup[18], wenn auch unter sehr speziellen Annahmen, auf den Fall beliebig vieler Länder ausgedehnt. Lange äußerte wohl als erster den Gedanken, daß die „Länder" solcher Systeme auch als in irgendeiner Art definierte Sektoren einer beliebig abgegrenzten Wirtschaft aufgefaßt werden können[19], die Kreislaufströme also als disaggregierte Teilströme der früher betrachteten Gesamtkreisläufe erscheinen. Aus dieser Konzeption entwickelten Samuelson[20], Chipman[21]. Goodwin[22] und Metzler[23] die Theorie des Sektorenmultiplikators, deren allgemeinste und am weitesten ausgearbeitete Version von Chipman[24] niedergelegt wurde. In dieser sehr allgemeinen Formulierung können wir die Multiplikatortheorie unserer Arbeit zugrundelegen.

Die untersuchten Variablen des Modells sind hierbei die Einnahmen aller oder einzelner Sektoren, die variierten Parameter sind autonome Ausgaben. Diese Größen sind, gemäß unserer früher gefällten Entscheidung, als nicht von Preisveränderungen bereinigte monetäre Ströme definiert[25].

Land wegen der Vermehrung der Zahlungsmittel ein Steigen des Preisniveaus. Diesen Veränderungen der Preisniveaus folgt eine Zunahme (Abnahme) der Importe des bisherigen Exportüberschuß-(Importüberschuß-) Landes und u. U. gleichzeitiges Zurückfließen des Goldes. Vgl. z. B. F. *Machlup,* International Trade and the National Income Multiplier, a.a.O., S. 41; C. P. *Kindleberger,* a.a.O., S. 63.

Könnte man die Bewegung des Preisniveaus als Indikator der konjunkturellen Aktivität verwenden, so wäre die Feststellung gerechtfertigt, daß nach der klassischen Theorie die konjunkturelle Entwicklung in den einzelnen Ländern prinzipiell divergiert. Ein solcher Vergleich der klassischen mit der modernen Theorie ist indessen nicht möglich, wenn man berücksichtigt, daß nach klassischer Auffassung mit den Annahmen der Gültigkeit des Sayschen Theorems und der vollen Flexibilität aller Preise stets Vollbeschäftigung herrscht, der Ausgleich sich also nur über Preisbewegungen vollzieht, während in der modernen Theorie die Preise gerade als konstant angenommen werden und Unterbeschäftigung zugelassen wird.

18 Vgl. F. *Machlup,* International Trade and the National Income Multiplier, a.a.O., S. 90 ff.

19 Vgl. O. *Lange,* a.a.O., S. 233.

20 P. A. *Samuelson,* A Fundamental Multiplier Identity, Ec, Vol. 11, 1943, S. 223 f.

21 J. S. *Chipman,* The Multi-Sector Multiplier, Ec, Vol. 18, 1950, S. 355; *derselbe,* Professor Goodwin's Matrix Multiplier, EJ, Vol. LX, 1950, S. 753.

22 R. M. *Goodwin,* The Multiplier as a Matrix, a.a.O.

23 L. A. *Metzler,* A Multiple-Region Theory of Income and Trade. Ec, Vol. 18, 1950, S. 329 ff.

24 J. S. *Chipman,* Theory.

25 Obgleich sich Chipman nicht klar ausdrückt, soll seine Untersuchung wohl eine „analysis in real terms" sein. Zu diesem Schluß kann man gelangen, wenn man seine Ausführungen auf S. 139 beachtet, wo versucht wird, unter „Further Developments and Refinements" die Preise explizit in einen Modellansatz aufzunehmen, dessen Weiterverfolgung jedoch mit erheblichen mathematischen Schwierigkeiten verbunden wäre.

3. Die Ausgabenfunktionen in der Theorie des Sektorenmultiplikators

Wir haben nun die Ausgabenfunktionen anzugeben, in denen sich die Multiplikatorhypothese in der Theorie des Sektorenmultiplikators manifestiert. Diese Zuordnungsvorschriften formulieren wir zunächst allgemein und wenden uns dann dem Problem zeitlicher Verzögerungen zu, die in den Funktionen zu berücksichtigen sind.

a) Allgemeine Formulierung

1. Die Sektorenanalyse läßt zu, daß jeder Sektor mit jedem anderen durch einen zu- und einen abfließenden Kreislaufstrom verbunden ist. Weiterhin berücksichtigt sie die innerhalb der Sektoren fließenden Ströme, die wir als Innenumsätze bezeichnet haben[26].

Vom Standpunkt eines Sektors sind die von allen anderen Sektoren zufließenden Ströme Einnahmen. Hinzu treten noch die Einnahmen vom eigenen Sektor. — Alle abfließenden Ströme sind Ausgaben. Dazu kommen noch die Ausgaben an den eigenen Sektor.

Die Multiplikatorwirkung beruht darauf, daß die in den Sektoren zusammengefaßten Wirtschaftseinheiten einen Teil ihrer Einnahmen als Ausgaben weiterleiten, die damit erneut zu Einnahmen anderer Wirtschaftseinheiten werden; der Rest ihrer Einnahmen wird als „leakage" aus dem Kreislauf abgezweigt. Es ist jedoch möglich und für die Analyse zugelassen, daß die Summe der Ausgaben eines Sektors größer ist als die Summe seiner Einnahmen[27]; das „leakage" ist in diesem Fall negativ.

2. Über das Volumen der weitergeleiteten bzw. abgezweigten Ströme entscheiden die Wirtschaftseinheiten des Sektors. Ihr Durchschnittsverhalten kommt in Verhaltensfunktionen, den Ausgabenfunktionen, zum Ausdruck. Die Ausgabenfunktionen stellen also eine Zuordnungsvorschrift zwischen Einnahmen und Ausgaben dar. Da jeder Sektor an jeden anderen und den eigenen Ausgaben leisten kann, ist die Zahl der für einen Sektor aufzustellenden Ausgabenfunktionen gleich der Zahl der Sektoren, aus denen das System besteht. Für ein System, das aus n Sektoren besteht, benötigen wir dementsprechend n^2 Ausgabenfunktionen.

Eine Ausgabenfunktion, der die Multiplikatorhypothese zugrundeliegt, postuliert eine Abhängigkeit der Höhe der Ausgaben von der

---

[26] Vgl. S. 22.

[27] Dieser Fall kann mit Vermögensauflösung, zusätzlicher Geldschöpfung, der Aktivierung bisher ungenutzter Gelder oder einer Zunahme der auf Güter- bzw. Dienstleistungstransaktionen beruhenden Verbindlichkeiten interpretiert werden. Wir erinnern daran, daß rein finanzielle Transaktionen aus der Betrachtung ausgeklammert wurden. Vgl. S. 19.

Höhe der gesamten Einnahmen. Formal wird die Multiplikatorhypothese in einem Sektorenmodell also dargestellt durch

$$A^*_{ij} = f^*_{ij}(Y_j) \qquad (i, j = 1, 2, \ldots, n),$$

wobei die A^*_{ij} die nach der Multiplikatorhypothese geleisteten Ausgaben des Sektors j an den Sektor i, die Y_j die Einnahmen des Sektors j, n die Anzahl der Sektoren und f^*_{ij} die Zuordnungsvorschriften darstellen[28].

Die Ausgabenfunktionen können linear, stückweise linear oder nichtlinear sein[29]. Einnahmenunabhängige oder autonome Ausgaben sind zugelassen. Die ersten Ableitungen der Ausgabenfunktionen, d. h. ihre Steigungen, geben die marginalen Ausgabenneigungen a_{ij} an[30].

Ein Sektor, der an einen anderen oder den eigenen Sektor keine oder nur autonome Ausgaben leistet, hat gegenüber diesem eine marginale Ausgabenneigung von Null.

Sofern ein Sektor insgesamt nicht mehr ausgibt, als er einnimmt, ist die Summe seiner marginalen Ausgabenneigungen kleiner als oder gleich eins:

$$\sum_{i=1}^{n} a_{ij} \leq 1 \qquad (j = 1, 2, \ldots, n).$$

3. Als Spielarten unserer allgemeinen Formulierung der Ausgabenfunktionen sind in der Theorie hauptsächlich die Konsumfunktion, die Importfunktion und eine spezielle Investitionsfunktion bekannt. An die Stelle der Ausgaben treten dort die Größen Konsum, Import oder Nettoinvestition; an die Stelle der Einnahmen wird das Nettovolkseinkommen gesetzt.

Die Konsumfunktion entspricht der in der Konjunkturtheorie üblichen Abgrenzung eines Bereichs der Haushalte, die Importfunktion der in der Theorie des Außenhandelsmultiplikators gebräuchlichen Abgrenzung nach Ländern. Die spezielle Investitionsfunktion postuliert für den Sektor der Unternehmungen eine Abhängigkeit der Höhe

---

[28] An dieser Stelle zeigt sich die Ähnlichkeit der Theorie des Sektorenmultiplikators mit der Input-Output-Analyse: Dort stehen die Inputs an Stelle der Ausgaben und sind eine Funktion der Outputs, die an Stelle der Einnahmen stehen. Vgl. zur Input-Output-Analyse z. B.: W. W. *Leontief*, The Structure of the American Economy 1919—1939, New York 1951 (Neudruck 1953), z. B. S. 37 f., 144; W. W. *Leontief and others:* Studies in the Structure of the American Economy, New York 1953, S. 18; J. *Balderston*, Models of General Economic Equilibrium, in: O. *Morgenstern* (ed), Economic Activity Analysis, S. 24 ff.; H. *Platt*, Die Input-Output-Analyse, Meisenheim am Glan, 1957, z. B. S. 21. Zur Ähnlichkeit mit der Theorie des Sektorenmultiplikators z. B.: J. S. *Chipman*, Theory, S. 30 f.

[29] Wir werden unsere Untersuchung im II. und III. Teil auf lineare Funktionen beschränken. — Die Input-Output-Analyse verwendet ebenfalls lineare Beziehungen.

[30] Im Falle linearer Funktionen sind die a_{ij} Konstanten.

der Nettoinvestitionen von der (absoluten) Höhe des Nettovolkseinkommens, hat also die Konzeption einer „marginal propensity to invest" zum Inhalt[31]. Sie darf nicht mit der Investitionsfunktion nach dem Akzelerationsprinzip verwechselt werden[32].

4. Daneben lassen sich in der Sektorenanalyse weitere Ausgabenkategorien sinnvoll unter die allgemeine Ausgabenfunktion nach der Multiplikatorhypothese subsumieren.

Über die Ausgaben für die Ersatzinvestition zur Erhaltung des Anlagenbestands gibt es in der Literatur folgende Annahmen:

a) Anlagegüter haben eine produktionstechnisch fixierte Lebensdauer und sind — vom Zeitpunkt ihrer Inbetriebnahme an gerechnet — nach einer bestimmten Anzahl von Perioden zu ersetzen[33].

b) Reinvestitionsausgaben sind eher produktionswirtschaftlich als produktionstechnisch bestimmt und hängen demgemäß vom allgemeinen Niveau der wirtschaftlichen Aktivität ab[34].

Da die zweite Annahme weitaus plausibler als die erste erscheint und die Einnahmen eines Sektors ein Maß seiner wirtschaftlichen Aktivität sind, können wir zumindest einen großen Teil der Ausgaben für die Ersatzinvestition der Sektoren als von der Höhe ihrer Einnahmen abhängig betrachten[35].

Ähnliche Argumente gelten in bezug auf Ausgaben für Güter, die wir früher überspitzt als „Ersatzinvestition in Lagern" bezeichneten[36].

5. Eine Unterscheidung der unter 3. und 4. genannten besonderen Ausgabenfunktionen wird für die Zwecke unserer Analyse hinfällig

---

[31] Von dieser Investitionsfunktion wird in der Literatur vielfach Gebrauch gemacht. Vgl. das Zyklenmodell von N. *Kaldor*, A Model of the Trade Cycle, EJ, Vol. L, 1940, S. 78 ff.; aber z. B. auch O. *Lange*, a.a.O., S. 227; L. A. *Metzler*, The Transfer Problem Reconsidered, JPE, Vol. L, 1942, S. 397 ff., wiederabgedruckt in: Readings in the Theory of International Trade, London 1950 (Neudruck 1953), S. 179 ff., bes. S. 183 f.; W. F. *Stolper*, a.a.O., S. 617; H. *Geyer*, a.a.O., S. 9; R. *Robinson*, a.a.O., S. 562; W. J. *Baumol*, Notes on Some Dynamic Models, EJ, Vol. LVIII, 1948, S. 506 ff.

[32] Eine solche Verwechslung scheint vorzuliegen bei Ch. P. *Kindleberger*, a.a.O., S. 171, u. H. *Hegeland*, a.a.O., S. 164 f.

[33] Wenn die früheren Investitionen Schwankungen zeigten, so folgen daraus als „Echowirkungen" (Robertson) Reinvestitionszyklen, die gedämpft verlaufen, wenn eine Streuung um den Durchschnitt der Lebensdauer der Investitionsgüter zugelassen wird. Vgl. dazu W. *Mieth*, a.a.O., S. 49 ff.; H. M. *Somers*, Public Finance and National Income, Philadelphia-Toronto 1949, S. 73 ff.; J. R. *Hicks*, a.a.O., S. 39 ff.; D. H. *Robertson*, Essays in Monetary Theory, London 1940, S. 101 ff.; ferner die in diesen Arbeiten genannte Literatur.

[34] In diesem Sinne argumentieren z. B. W. *Mieth*, a.a.O., S. 51, H. *Geyer*, a.a.O., S. 78, und J. R. *Hicks*, a.a.O., S. 42.

[35] Dabei ist gleichgültig, ob ein Sektor auch Haushalte enthält oder nicht. U. U. könnten sogar Wiederbeschaffungsausgaben für dauerhafte Konsumgüter hier miterfaßt werden.

[36] Vgl. S. 21.

bzw. nur dann aktuell, wenn wir eine Abgrenzung der Sektoren und eine Beschränkung ihrer Anzahl vornehmen, wie sie in der herkömmlichen Analyse des Volkseinkommens und seiner Veränderungen vorherrscht. Im allgemeinen Fall sind die Ausgaben aber nicht nach Kategorien wie Konsum- und Investitionsausgaben spezifiziert. Damit entfällt zugleich die Möglichkeit, für die eine oder die andere dieser Ausgabenkategorien eine spezielle Begründung anzuführen, wie sie z. B. Keynes für die Konsumausgaben im „psychologischen Gesetz" zu finden versucht hat[37].

Trotzdem dürften in den meisten Fällen für die allgemeine Gestalt der Ausgabenfunktionen ausreichende Plausibilitätsargumente zu finden sein[38]. Die Art dieser Argumente wird je nach der vorgenommenen Abgrenzung der Sektoren verschieden sein. Letztlich kann nur die empirische Forschung verläßlich über die Gestalt der Funktionen Auskunft geben.

b) Zum Problem zeitlicher Verzögerungen

1. Zur Behandlung des Problems zeitlicher Verzögerungen, die in den Ausgabenfunktionen zu berücksichtigen sind, wollen wir mit Machlup[39] zwei Begriffe unterscheiden: Die Transaktionsperiode („transaction period") und die Einkommensentstehungsperiode („income propagation period").

Bezogen auf die Sektorenanalyse ist die Transaktionsperiode der zeitliche Abstand zwischen den Einnahmen eines Sektors und seinen aus diesen geleisteten Ausgaben. Wird angenommen, daß dieser Abstand für alle Sektoren gleich ist, so sprechen wir von einer einheitlichen Transaktionsperiode.

Die Einkommensentstehungsperiode ist definiert als „the length of time which it takes for the money in active circulation to complete a circuit flow from income recipient to income recipient"[40]. Sie spielt eine Rolle in Theorien, in denen das Volkseinkommen eine der untersuchten Variablen ist[41].

In der Sektorenanalyse gehört das Volkseinkommen dann zu den im System auftretenden Variablen, wenn die Disaggregation einer

---

37 Vgl. J. M. *Keynes,* a.a.O., S. 96. Vgl. dazu auch die kritische Erörterung des „psychologischen Gesetzes" bei E. *Bössmann,* a.a.O., S. 64 ff.

38 Schließlich handelt es sich in der Makrotheorie bei der Diskussion der Gestalt der Funktionen immer um Plausibilitätserklärungen, solange die Makrotheorie nicht auf der Mikrotheorie aufbauen kann und/oder die Hypothesen nicht empirisch nachgeprüft werden.

39 F. *Machlup,* Period Analysis and Multiplier Theory, QJE, Vol. LIV, 1939, S. 1 ff.; wiederabgedruckt in: Readings in Business Cycle Theory, a.a.O., S. 203 ff. (im folgenden zitiert nach dem Wiederabdruck). Vgl. zum Folgenden aber auch J. S. *Chipman,* Theory, S. 42 ff.

40 F. *Machlup,* Period Analysis and Multiplier Theory, a.a.O., S. 208.

41 Hierher gehören natürlich auch die modernen Konjunkturmodelle.

Volkswirtschaft nach funktionellen Merkmalen so erfolgt, daß ein Sektor (oder mehrere Sektoren) der Haushalte gebildet wird (werden). Die Einnahmen dieses Sektors sind mit dem Nettovolkseinkommen identisch[42]. Die Einkommensenstehungsperiode ist in diesem Fall der Abstand zwischen dem Zeitpunkt der Ausgaben des Sektors der Haushalte und dem Zeitpunkt, zu dem diese Ausgaben ganz oder teilweise als Einnahmen in den Sektor der Haushalte zurückkehren.

Zwischen diesen beiden Zeitpunkten fließt der Strom der Ausgaben der Haushalte durch eine größere oder kleinere Zahl anderer Sektoren und/oder den eigenen Sektor. Die Einkommensentstehungsperiode kann daher nur als ein gewichtetes Mittel von Zeiträumen aufgefaßt werden, die von den einzelnen Teilströmen der Ausgaben der Haushalte benötigt werden, um in diesen Sektor zurückzukehren[43].

Indem die herkömmliche dynamische Theorie der Einkommensbildung bzw. die Konjunkturtheorie mit einer für alle Ausgaben der Haushalte einheitlichen Einkommensentstehungsperiode arbeitet, zeigt sie eine Schwäche, auf die besonders Goodwin hinweist[44].

2. Die Sektorenanalyse kann — gleichgültig, ob nach funktionellen oder regionalen Merkmalen disaggregiert wird — auf den Begriff einer Einkommensentstehungsperiode verzichten.

Die Konzeption der Transaktionsperiode ist jedoch ebenfalls nicht ohne Problematik, wenn zur Vereinfachung der Analyse eine für alle Sektoren einheitliche Transaktionsperiode unterstellt wird. Zur Beseitigung dieses Mangels schlägt Chipman vor, unterschiedliche Transaktionsperioden der Sektoren als ganzzahlige Vielfache einer Standardperiode zu approximieren und fiktive Hilfssektoren in das Modell aufzunehmen, die als „collecting agencies“ lediglich die Aufgabe haben, Ausgaben in Empfang zu nehmen und mit einer Verzögerung von einer Standardperiode in voller Höhe weiterzuleiten[45]. Für jeden Sektor wären so viele „collecting agencies“ einzuführen, daß eine zeitliche Verzögerung zwischen Einnahmen und aus diesen geleisteten Ausgaben zustandekommt, die gerade der Transaktionsperiode dieses Sektors entspricht. Auf diese Weise könnte für alle Sektoren, einschließlich Hilfssektoren, ein einheitlicher „time-lag“, die Standardperiode, zugrundegelegt werden.

3. Die Aufnahme von Hilfssektoren beseitigt zwar formal die Schwierigkeit unterschiedlicher Transaktionsperioden, dürfte aber für die Anwendung der Theorie in vielen Fällen zu kaum überwindbaren Rechenproblemen führen. Dies gilt um so mehr, je größer die Zahl

[42] Vgl. S. 20, Figur 1.

[43] Die mittlere Einkommensentstehungsperiode umfaßt somit mehrere Transaktionsperioden.

[44] Vgl. R. M. *Goodwin*, The Multiplier as a Matrix, a.a.O., S. 553.

[45] J. S. *Chipman*, Theory, S. 45 f.

der Sektoren eines Systems ist und je stärker sich ihre Transaktionsperioden unterscheiden, d. h. je größer die Zahl der einzuführenden Hilfssektoren sein müßte.

Ist zu vermuten, daß die Transaktionsperioden der Sektoren nicht stark voneinander abweichen, so dürfte die Annahme eines einheitlichen „lag" eine vertretbare Approximation sein. Nur in Ausnahmefällen ist für die Anwendung der Theorie die Aufnahme einiger Hilfssektoren zu empfehlen[46/47].

4. Obgleich die herkömmliche Theorie im allgemeinen eine einheitliche Einkommensentstehungsperiode unterstellt, gibt es Versuche, verschiedene zeitliche Verzögerungen im Einkommenskreislauf festzustellen und zu begründen. So unterscheidet Metzler[48]

a) den zeitlichen Abstand zwischen Einkommenszahlungen an die Haushalte und deren Konsumausgaben („Robertson-lag")[49],
b) den zeitlichen Abstand zwischen einer Änderung der Verkäufe der Produktionsunternehmungen und der Anpassung ihrer Ausbringung („Lundberg-lag")[50],
c) den zeitlichen Abstand zwischen der Einkommensentstehung im Produktionsprozeß und den Einkommenszahlungen an die Haushalte (neuerdings „Metzler-lag" genannt).

Dieser Aufzählung ist zu entnehmen, daß die Begründung zeitlicher Verzögerungen auf der spezifischen Einteilung des ökonomischen Systems in die Sektoren „Haushalte" und „Unternehmungen" beruht. Sie kann in einer Sektorenanalyse mit funktionell abgegrenzten Sektoren grundlegend sein, trifft jedoch nicht zu, wenn andere Kriterien der Disaggregation verwendet werden.

Was wir oben in bezug auf die Plausibilitätsbegründungen über die Gestalt der Ausgabenfunktionen feststellten, gilt auch für die zeitlichen Verzögerungen, die in diesen Funktionen zu berücksichtigen sind: Je nach der vorgenommenen Abgrenzung der Sektoren werden sich Argumente für oder gegen den Einbau bestimmter „lags" finden lassen. Bei der Anwendung der Theorie kann auch hinsichtlich der zeitlichen

46 Dann zum Beispiel, wenn für einige der Sektoren eine etwa doppelt so lange Transaktionsperiode unterstellt werden kann wie für die übrigen.

47 Vgl. aber auch die Einführung von Hilfssektoren aus mathematisch-formalen Gründen, S. 66.

48 Vgl. L. A. *Metzler*, Three Lags in the Circular Flow of Income, a.a.O., bes. S. 17 ff.

49 Er wurde erstmals von D. H. *Robertson* in Banking Policy and the Price Level, London 1926 (4. Auflage, New York-London 1949) beschrieben, und wird in vielen Modellen als Einkommensentstehungsperiode verwendet. Er kommt in der Hypothese zum Ausdruck, daß der Konsum dieser Periode vom Einkommen der vorhergehenden Periode abhängt. Vgl. z. B. E. *Bössmann*, a.a.O., S. 22 ff.

50 Nach E. *Lundberg*, Studies in the Theory of Economic Expansion, London 1937, Kap. 9.

Verzögerungen nur das empirische Material über die am besten geeignete Hypothese entscheiden.

Es kann sogar vorkommen, daß von der Berücksichtigung zeitlicher Verzögerungen bei den Ausgaben, die mit der Multiplikatorhypothese zu erklären sind, ganz abgesehen werden muß[51]. Dieser Fall tritt ein, wenn das vorhandene empirische Material die Wahl der Periodenlänge bereits vorschreibt und dieser Zeitraum so groß ist, daß die Ausgaben in der gleichen Periode geleistet werden, in der die Einnahmen eingehen[52/53].

5. Indizieren wir die Symbole der Ausgabenfunktionen nach den Perioden, auf die sie sich beziehen, mit t bzw. t—1, so liegen folgende alternative Formulierungen nahe:

a) Die Ausgaben einer Periode hängen von den Einnahmen der gleichen Periode ab:

$$A^*_{ij}(t) = f^*_{ij}\left\{Y_j(t)\right\}.$$

b) Die Ausgaben einer Periode hängen von den Einnahmen der Vorperiode ab:

$$A^*_{ij}(t) = f^*_{ij}\left\{Y_j(t-1)\right\}.$$

Die erste Alternative betrifft den eben geschilderten Fall, daß die Ausgaben im gleichen, von der Statistik zugrundegelegten Zeitraum erfolgen, in dem die Einnahmen erzielt werden.

Die zweite Alternative entspricht formal z. B. einer Berücksichtigung des „Robertson-lag", ist jedoch anders zu interpretieren, wenn Haushalte und Unternehmungen in einem Sektor zusammengefaßt sind, weil dann die Ausgaben nicht nur Konsum-, sondern auch Investitionsausgaben enthalten können.

4. Abschnitt

Die Akzelerationshypothese

Die Akzelerationshypothese wird in der Form, die wir unseren Modellkonstruktionen des zweiten und dritten Teils zugrundelegen

[51] Das System kann in einem solchen Fall trotzdem in dynamischer Betrachtungsweise untersucht werden, wenn außerdem Ausgaben festgestellt werden können, die mit der Akzelerationshypothese zu erklären sind.

[52] Vgl. dazu Teil III, S. 83.

[53] Dies bedeutet, daß die Transaktionsperiode kürzer ist als der von der Statistik zugrundegelegte Zeitraum. Daraus ergibt sich zusätzlich das Problem der Überschneidung von Transaktions- und der von der Statistik „vorgeschriebenen" Periode. Idealerweise müßte zunächst die Länge der Transaktionsperiode ermittelt und dieser entsprechend die Statistik aufgestellt werden!

wollen, in der Literatur kaum vertreten[1]. Dies liegt unseres Erachtens daran, daß die Fragestellung der Akzelerationstheorie nicht genügend allgemein und abstrakt formuliert wird, um daraus eine größere Zahl von verschiedenen Versionen des allgemeinen Akzelerationsprinzips herleiten zu können.

Wir versuchen zunächst, diese allgemeine Fragestellung zu gewinnen. Im Anschluß daran werden wir die in der Literatur hauptsächlich vertretenen beiden Versionen des Akzelerationsprinzips kurz charakterisieren, um die Unterschiede zu verdeutlichen, welche die von uns bevorzugte Version ihnen gegenüber aufweist. Schließlich sind dann wieder die Ausgabenfunktionen zu beschreiben, die diese Spielart des Akzelerationsprinzips kennzeichnen.

1. Die allgemeine Fragestellung der Akzelerationstheorie[2]

1. Gegenstand der Akzelerationstheorie ist die Untersuchung von partiellen Kreislaufströmen, die entstehen, wenn sich andere Kreislaufströme verändern. Es geht also nicht um die Wirkung, die von außen einfließende Beträge („injections") auf den Kreislauf ausüben, sondern um die Wirkung von irgendwie zustandegekommenen Änderungen der Kreislaufströme selbst. Dementsprechend wird auch keine Beziehung zwischen einem Parameter und einer Variablen des ökonomischen Modells gesucht, auf das der Gesamtkreislauf abgebildet wird[3], sondern ein Zusammenhang zwischen zwei Variablen. Wir interpretieren die erste dieser Variablen als einen einer bestimmten Stelle des Kreislaufs zufließenden Strom und die zweite der Variablen als einen von dieser Stelle abfließenden Strom.

2. In dieser Sprechweise untersucht die Akzelerationstheorie die Frage, welchen Wert die zweite Variable annimmt, wenn sich der Wert der ersten Variablen verändert. Die Zahl, mit der die Ver-

---

[1] Eine Ausnahme bildet allenfalls der Ansatz, der bei J. S. *Chipman*, Theory, S. 140 ff., unter „Further Developments and Refinements" zu finden ist. Ein Unterschied zu der im folgenden zu entwickelnden Version des Akzelerationsprinzips besteht aber auch hier insofern, als Chipman anscheinend an eine „analysis in real terms" denkt, wir aber „monetary terms" zugrundelegen wollen. Vgl. dazu S. 24. Übrigens verspricht Chipman in seinem Buch (S. 142) eine Ausarbeitung und Weiterverfolgung seines Ansatzes mit der Multiplikator- und Akzelerationshypothese, die jedoch bis heute nicht erfolgt bzw. veröffentlicht worden ist.

[2] Es ist gerechtfertigt zu fragen, ob es sich bei den hier behandelten Zusammenhängen um eine Theorie oder nur um ein Theorem, d. h. um ein „Stück" oder einen Satz aus einer Theorie handelt. Während aus der Multiplikatorhypothese eine ganze Theorie aufgebaut werden kann, ist dies aus der Akzelerationshypothese allein kaum möglich. Aus Gründen der Symmetrie zum Vorabschnitt verwenden wir jedoch den Terminus „Akzelerationstheorie".

[3] Vgl. die Fragestellung der Multiplikatortheorie, S. 24 ff.

änderung der ersten Variablen zu multiplizieren ist, um den Wert der zweiten Variablen zu erhalten, wird „Akzelerator“ genannt.

Bezeichnen wir die Veränderung der ersten Variablen mit ΔV_1, die zweite Variable mit V_2 und unterstellen einen konstanten Akzelerator b, so analysiert die Akzelerationstheorie die Funktion

$$V_2 = b \, \Delta \, V_1,$$

deren Eigenart darin besteht, daß V_2 nur dann einen von Null verschiedenen Wert annimmt, wenn sich V_1 verändert. Bilden wir auf beiden Seiten der Gleichung die nächsthöhere Differenz,

$$\Delta \, V_2 = b \, \Delta^2 \, V_1,$$

so ergibt sich, daß V_2 sich positiv nur dann ändert, wenn eine positive Veränderung von V_1 zunimmt; V_2 ändert sich negativ schon dann, wenn V_1 noch zunimmt, aber mit abnehmender Rate[4].

3. In den speziellen Versionen der Akzelerationstheorie wird als zusätzliche Bedingung angegeben, daß die beiden Stromgrößen, V_1 und V_2, über eine Bestandsgröße miteinander in Verbindung stehen müssen[5]. Notwendig erscheint uns diese Bedingung jedoch nicht. Dies geht schon daraus hervor, daß die Bestandsgröße nicht oder nur indirekt in den Modellen erscheint und in der obigen Formulierung nur in der Konstanten b zum Ausdruck kommen könnte. Die Verbindung der beiden Stromgrößen mit Hilfe einer Bestandsgröße kann allerdings dazu dienen, die Argumentation plausibler zu gestalten.

4. Der Terminus „Akzelerations-“ oder „Beschleunigungsprinzip“ kann für den aufgezeigten Zusammenhang sinnvoll nur wie folgt erklärt werden:

Der physikalische Begriff der Beschleunigung mißt die Veränderung einer Geschwindigkeit. Die Beschleunigung kann also durch die erste Ableitung oder die erste Differenz der Geschwindigkeit dargestellt werden. Interpretieren wir das Volumen eines Kreislaufstroms pro Zeiteinheit als seine „Geschwindigkeit“, so wird nach der ersten Gleichung die „Geschwindigkeit“ des durch V_2 symbolisierten Stroms durch die „Beschleunigung“ des Stroms V_1 bestimmt[6].

5. Mit der allgemeinen Fragestellung der Akzelerationstheorie sollte gezeigt werden, daß sie ohne spezielle Identifikation der ökonomischen Variablen mit bestimmten Kreislaufströmen auskommt. Wir können daher auch hier die Forderung aufstellen, daß im Interesse termino-

---

[4] Dabei unterstellen wir, daß b positiv ist.

[5] Vgl. H. *Giersch*, Akzelerationsprinzip und Importneigung, WWA, Bd. 70, 1953, S. 244 f.

[6] Der Ausdruck „Akzelerator“ für b ist daher etwas irreführend. Mangels kurzer anderer Ausdrucksmöglichkeiten werden wir ihn jedoch beibehalten.

logischer Klarheit die betreffenden Variablen zu definieren sind, wenn von Akzelerationswirkungen die Rede ist[7].

2. Zur Entwicklung spezieller Akzelerationstheorien[8]

1. Mit dem Akzelerationsprinzip wird in der Literatur ein bestimmtes, makroökonomisch zu interpretierendes, investitorisches Verhalten des Wirtschaftsbereichs der Unternehmungen beschrieben[9]. Es wird angenommen, daß die Unternehmungen wünschen oder gezwungen sind, eine bestimmte Relation zwischen einem abfließenden Güterstrom und einem Güterbestand aufrechtzuerhalten und dementsprechend Investitionsgüter beschaffen, wenn der Güterbestand abnimmt. Der abfließende Güterstrom ist die Ausbringung oder die Absatzmenge. Bei dem Güterbestand handelt es sich entweder um den Kapitalstock oder um die Lagerhaltung. Der zufließende Güterstrom wird auch als „induzierte Nettoinvestition" bezeichnet und besteht aus Anlagegütern oder Gütern, welche die Einkaufslager verändern[10].

Danach unterscheidet man ein Akzelerationsprinzip, dessen Wirksamkeit sich auf die Beschaffungsströme von Anlagegütern erstreckt, von einem Akzelerationsprinzip, das sich in den Beschaffungsströmen für die Lagerhaltung auswirkt[11].

2. Die letzte Begründung des Kapazitätsakzelerators wird zuweilen in einer der Kapital- und Produktionstheorie entnommenen technisch festgelegten Beziehung zwischen Kapitalstock und Ausbringung ge-

---

[7] Vgl. die entsprechende Forderung für die Multiplikatortheorie im vorigen Abschnitt, S. 26.

[8] Auch hier beabsichtigen wir nicht, eine dogmenhistorische Darstellung zu geben. Vgl. dazu z. B. A. K. *Knox,* The Acceleration Principle and the Theory of Investment: A Survey, Eca, Vol. XIX, N.S., 1952, S. 269 ff.; G. H. *Fisher,* A Survey of the Theory of Induced Investment 1900—1940, Southern Economic Journal, Vol. XVII, 1952, S. 474 ff., H. M. *Somers,* a.a.O., S. 68 ff.

[9] Es ist anzumerken, daß das Akzelerationsprinzip nicht die einzige Investitionshypothese der modernen Theorie ist. (Vgl. dazu auch S. 30 f.). Es wären weiterhin zu nennen z. B. die Erwartungen, Preisbewegungen, Tinbergens Profitprinzip (vgl. J. *Tinbergen,* Statistical Evidence on the Acceleration Principle, Eca, Vol. V, N.S., 1938, S. 167) und Kaleckis Prinzip des wachsenden Risikos (vgl. M. *Kalecki,* The Principle of Increasing Risk, Eca, Vol. IV, N.S., 1937, S. 440 ff.). Einige dieser Hypothesen, wie z. B. eine bestimmte Erwartungsstruktur und das Profitprinzip, scheinen jedoch mit dem Akzelerationsprinzip nicht inkompatibel zu sein, können jedoch modifizierend wirken und eine statistische Verifizierbarkeit seiner in der Literatur vertretenen Interpretation unmöglich machen (vgl. *Somers,* a.a.O., S. 104 ff.). So hat sich *Geyer* (a.a.O., S. 51 ff.) bemüht nachzuweisen, daß der Unternehmer die Produktionskapazität nach dem Akzelerationsprinzip anpaßt, wenn er Gewinnmaximierung anstrebt.

[10] Die monetären Äquivalente dieser Ströme fließen natürlich in der umgekehrten Richtung.

[11] Vgl. z. B. H. *Giersch,* a.a.O., S. 245.

sucht[12]: Eine Veränderung der Ausbringung erfordere ceteris paribus eine proportionale, durch die „capital-output ratio" vorgeschriebene Veränderung des Kapitalstocks, die als Beschaffung von Anlagegütern definiert ist. Aus der Veränderung der Ausbringung oder des Absatzstroms folgt so — technisch bedingt — die Wirksamkeit des Akzelerationsprinzips im Beschaffungsstrom.

Andererseits herrscht jedoch die Meinung vor, daß die Investitionsfunktionen der makroökonomischen Modelle nicht als technische Beziehungen, sondern als Verhaltensfunktionen aufzufassen sind[13]. Diese scheinbare Antinomie klärt sich auf, wenn beachtet wird, daß die oben erwähnte ceteris paribus-Klausel keine allgemeine Gültigkeit haben kann: Es gibt Reserve- oder ungenutzte Kapazitäten und Absatzlager, die als „Puffer" dienen; die „capital-output ratio" ist nicht starr. Die Zahl der Gegenargumente ließe sich beinahe beliebig erhöhen[14].

Wenn jedoch von einer technischen Begründung dieser Version des Akzelerationsprinzips abgesehen wird, entfällt eigentlich auch die Notwendigkeit, die Bestandsgröße „Produktionskapazität" zur Erklärung zwischen die beiden Stromgrößen zu schalten. Eine solche Erklärung hat dann nur noch den üblichen Plausibilitätswert der Interpretation makroökonomischer Verhaltensfunktionen. Einen eindeutigen Zusammenhang zwischen der „capital-output ratio" und dem Akzelerator b, der hier als Koeffizient einer Investitionsfunktion zu interpretieren ist, gibt es dann ebenfalls nicht.

3. Beim Lagerhaltungsakzelerator muß von vornherein auf eine technische Begründung verzichtet werden, und die Verbindung der Stromgrößen „Absatz" und „Beschaffung" über die Bestandsgröße „Lagerhaltung" ist nicht zwingend, sondern nur einsichtig.

Man kann davon ausgehen, daß die Umschlagshäufigkeit der Lager — im Gegensatz zu derjenigen der Anlagegüter — relativ groß ist. Dies ist gleichbedeutend mit verhältnismäßig geringen Akzelerationswirkungen. Es besteht die Möglichkeit, auch bei einem Absatzrückgang die Lagerhaltung schneller anzupassen[15].

---

[12] Vgl. J. M. *Clark*, Business Acceleration and the Law of Demand: A Technical Factor in Economic Cycles, JPE, Vol. XXV, 1917, S. 217 ff. (wiederabgedruckt in Readings in Business Cycle Theory, Philadelphia-Toronto 1944, S. 235 ff.); F. E. *Norton*, The Accelerator and the Overinvestment and Underconsumption Models, EJ, Vol. LXVI, 1956, S. 50 f.; J. R. *Hicks*, a.a.O., S. 117.

[13] Vgl. z. B. H. *Geyer*, a.a.O., S. 91. Dafür spricht z. B. der Tatbestand, daß die moderne Konjunkturtheorie mit stückweise linearen oder nichtlinearen Investitionsfunktionen arbeitet.

[14] Vgl. dazu besonders F. E. *Norton*, a.a.O., S. 52 ff.

[15] Vgl. W. *Mieth*, a.a.O., S. 32.

Negative Akzelerationswirkungen können sich daher bei den Lagerinvestitionen im allgemeinen voll auswirken, während sie beim Kapazitätsakzelerator durch die Höhe der dort als relativ gering angenommenen Reinvestitionen beschränkt sind. Man sagt daher auch, beim Lagerhaltungsakzelerator liege im Gegensatz zum Kapazitätsakzelerator eine Symmetrie im positiven und negativen Wirkungsbereich vor[16].

4. Investitionsfunktionen, die nach ihren formalen Eigenschaften die Akzelerationshypothese enthalten, werden in der neueren Literatur auch in güterwirtschaftlichen Sektorenanalysen wie der input-output-Rechnung[17] und linearen Planungsmodellen[18] berücksichtigt. Diese Investitionsfunktionen sind jedoch nicht als Hypothesen über das durchschnittliche Verhalten von Wirtschaftseinheiten konzipiert, die in ihren Entscheidungen prinzipiell frei sind, sondern als Funktionen, die als technische Beziehungen aufzufassen sind[19]. In diesem Fall erscheinen die jeweiligen „capital-output ratios" der nach produktionswirtschaftlichen Merkmalen disaggregierten Sektoren als Investitionskoeffizienten in den Funktionen.

5. Wir übernehmen in unsere Modelle ein der güterwirtschaftlichen Sektorenanalyse ähnliches formales Instrumentarium, lassen jedoch andere Sektorenabgrenzungen zu und interpretieren die Funktionen als Verhaltensfunktionen.

Als Variablen der Modelle treten nicht die beim Kapazitäts- und Lagerhaltungsakzelerator untersuchten Güterströme oder deren von Preisveränderungen bereinigte monetäre Äquivalente auf, sondern nicht-deflationierte Einnahmen-Ausgabenströme. Dieses Vorgehen hat folgende Implikationen:

a) Bei funktioneller Abgrenzung der Sektoren in „Haushalte" und „Unternehmungen" kann die Verwendung der Akzelerationshypothese auf den (oder die) zuletzt genannten Sektor(en) beschränkt werden. Die Interpretation der dieser Hypothese entsprechenden Ausgabenfunktionen kann dann auf die in der Makrotheorie übliche Weise erfolgen.

   Wird die Disaggregation jedoch — etwa nach regionalen Merkmalen — so durchgeführt, daß in den einzelnen Sektoren sowohl Gruppen von Wirtschaftseinheiten vereinigt werden, für die nach

---

[16] Vgl. z. B. H. *Giersch*, a.a.O., S. 246.

[17] Vgl. z. B. W. W. *Leontief*, Studies in the Structure of the American Economy, a.a.O., S. 56 f.; *derselbe*, The Structure of the American Economy 1919—1939, a.a.O., S. 212; H. *Platt*, a.a.O., S. 87.

[18] Vgl. H. J. *Jaksch*, Beiträge zur Theorie der Wirtschaftsplanung: Probleme einer gesamtwirtschaftlichen Anwendung des „Linear Programming", Dissertation, Frankfurt a. M. 1958, 3. Kapitel.

[19] Vgl. dazu auch J. S. *Chipman*, Theory, S. 31.

der herrschenden Lehre die Akzelerationshypothese gilt, als auch solche, für die sie nicht gilt, so bedürfen die Akzelerationskoeffizienten einer anderen Interpretation. Da die zwischen den Sektoren fließenden Kreislaufströme vom Verhalten beider Gruppentypen determiniert werden, verringert sich das relative Gewicht der Entscheidungen der Gruppe, die sich nach der Akzelerationshypothese verhält; die Akzelerationskoeffizienten sind dann entsprechend kleiner[20].

b) Die Variablen, zwischen denen die Akzelerationshypothese einen Zusammenhang postuliert, sind die Veränderung der Gesamteinnahmen jedes Sektors und seine Ausgaben an jeden anderen oder den eigenen Sektor. Vergrößern sich also die Einnahmen eines Sektors (zufließender Strom), so entstehen annahmegemäß Ausgaben an alle anderen und den eigenen Sektor (abfließende Ströme), es sei denn, die Hypothese gilt nicht in bezug auf alle Sektoren. Von diesen monetären Strömen kann, da wir Preisveränderungen zulassen, nicht eindeutig auf das Volumen der entgegengerichtet fließenden Güterströme geschlossen werden.

6. Damit haben wir die Akzelerationshypothese von ihrer güterwirtschaftlichen Interpretation gelöst und können noch weniger als die moderne Makrotheorie anzupassende Güterbestände zur Erklärung von Akzelerationswirkungen gelten lassen.

Diese Konzeption mag ungewohnt erscheinen. Es ist aber zu berücksichtigen, daß mit ihr in einer makroökonomischen, also auf das Durchschnittsverhalten der Wirtschaftseinheiten abgestellten Analyse lediglich als eine der Verhaltenshypothesen die Abhängigkeit der Ausgaben eines Sektors von der Veränderung seiner Einnahmen postuliert wird. Die Akzelerationshypothese sollte in dieser Version keinesfalls wirklichkeitsfremder als in den bisher üblichen Formulierungen sein — zumindest nicht so wirklichkeitsfern, um ihre Berücksichtigung in einem Modell zu verbieten, vor dessen Anwendung auf konkrete Probleme ohnehin ein empirischer Hypothesentest stehen muß[21].

3. Die Ausgabenfunktionen in der Theorie des Sektorenakzelerators

Wir formulieren die Ausgabenfunktionen, in denen die Akzelerationshypothese zum Ausdruck kommt, zunächst wieder allgemein und führen dann zeitliche Verzögerungen ein.

---

[20] Diese Argumentation hat eine Schwäche: Die Gruppe eines Sektors, für welche die Akzelerationshypothese zutrifft, richtet sich in ihrem Verhalten annahmegemäß nach den Gesamteinnahmen des Sektors bzw. deren Veränderung. Das Dilemma ließe sich überwinden, wenn zusätzlich zu einer regionalen Disaggregation noch funktionell disaggregiert würde.

[21] Es liegt sogar die Vermutung nahe, daß hauptsächlich an der ungeeigneten Definition der Variablen „in real terms" bisher eine zufrieden-

a) Allgemeine Formulierung

1. Die allgemeine Beschreibung der Ausgabenfunktionen, die wir bei der Behandlung der Multiplikatorhypothese gegeben haben, gilt auch hier[22].

2. Die mit der Akzelerationshypothese ausgedrückte Abhängigkeit der Ausgaben eines Sektors an einen anderen oder den eigenen Sektor von der Veränderung seiner gesamten Einnahmen lautet formal

$$A_{ij}^{**} = f_{ij}^{**}(\Delta Y_j) \qquad (i, j = 1, 2, \ldots, n).$$

Hier bezeichnen A_{ij}^{**} die nach der Akzelerationshypothese induzierten Ausgaben des Sektors j an den Sektor i, Y_j wieder die Einnahmen des Sektors j, n die Zahl der Sektoren und f_{ij}^{**} die Funktionsvorschriften.

Auch diese Ausgabenfunktionen können linear, stückweise linear oder nicht-linear[23], homogen oder inhomogen sein. Ihre ersten Ableitungen geben die marginalen Akzelerationskoeffizienten b_{ij} an[24]. Die einzelnen Koeffizienten können prinzipiell den Wert Null oder einen positiven Wert haben ($b_{ij} \geqq 0$).

3. Als Spielarten dieser allgemeinen, die Akzelerationshypothese repräsentierenden Ausgabenfunktionen sind in der Theorie die oben behandelten Investitionsfunktionen bekannt, die Ausgaben für induzierte Nettoinvestitionen für Kapazitäts- und/oder Lagerveränderungen in Abhängigkeit von der Veränderung des Konsums oder des Nettovolkseinkommens beschreiben[25].

Daneben kann eine solche Ausgabenfunktion jedoch auch als spezielle Importfunktion interpretiert werden. Die in der Theorie des internationalen Handels und des Außenhandelsmultiplikators bekannte Importfunktion ist keinesfalls als Abart einer Konsumfunktion aufzufassen. Der internationale Handel von Investitionsgütern spielt im allgemeinen eine viel wichtigere Rolle als der von Konsumgütern. Soweit Güter gehandelt werden, die ihrer Bestimmung gemäß dem Konsum dienen, ist zu beachten, daß diese zum weitaus größten Teil über die Lager von Importeuren gehen. Es liegt daher sehr nahe, Akzelerationswirkungen auch in den Importströmen eines Landes zuzulassen[26].

---

stellende Verifikation des Akzelerationsprinzips gescheitert ist. Vgl. z. B. J. *Tinbergen*, a.a.O.

[22] Vgl. S. 29.

[23] Wir beschränken uns im folgenden auf lineare Funktionen.

[24] Im Falle linearer Funktionen handelt es sich um Konstanten.

[25] Vgl. dazu auch S. 15.

[26] Akzelerationswirkungen in den Importströmen sind bisher kaum untersucht worden. Vgl. jedoch H. *Giersch*, a.a.O., und H. *Brems*, The Foreign Trade Accelerator and the International Transmission of Growth, Ec, Vol. 24, 1956, S. 223 ff.

b) Zum Problem zeitlicher Verzögerungen

1. Die allgemeine Problematik der Berücksichtigung zeitlicher Verzögerungen wurde früher gekennzeichnet[27]. Die letzte Entscheidung kann auch bei den Ausgabenfunktionen nach der Akzelerationshypothese nur ein empirischer Hypothesentest erleichtern.

2. Indizieren wir die Symbole wieder nach den Perioden, auf die sie sich beziehen, mit t, t—1, usw., so stehen folgende naheliegenden Alternativen zur Diskussion:

1) Die Ausgaben dieser Periode hängen von der Veränderung der Einnahmen dieser gegenüber der Vorperiode ab:

$$A^{**}_{ij}(t) = f^{**}_{ij}\left\{\Delta Y_j(t)\right\} \qquad \text{mit } \Delta Y_j(t) = Y_i(t) - Y_j(t-1).$$

2) Die Ausgaben dieser Periode hängen von der Veränderung der Einnahmen der Vorperiode gegenüber der davorliegenden ab:

$$A^{**}_{ij}(t) = f^{**}_{ij}\left\{\Delta Y_j(t-1)\right\} \qquad \text{mit } \Delta Y_j(t-1) = Y_j(t-1) - Y_j(t-2).$$

Alternative 1) setzt eine verhältnismäßig kurzfristige Reaktion der Ausgaben auf Einnahmeveränderungen voraus. Es ist in der Konjunkturtheorie üblich, eine der Alternative 2) entsprechende Reaktionszeit zu unterstellen. Wir werden uns diesem Vorgehen anschließen, erwähnen jedoch noch einmal, daß die Perioden nicht als Einkommensentstehungs-, sondern als Transaktionsperioden definiert sind.

5. Abschnitt

Die Wachstumshypothese

In den Konjunkturmodellen wird angenommen, daß es Ausgaben gibt, die von anderen Modellvariablen unabhängig sind. Bei diesen autonomen Ausgaben handelt es sich erstens um Investitionen, die nicht nach dem Akzelerationsprinzip induziert sind, und zweitens um Konsumausgaben, die von der Höhe des Volkseinkommens unabhängig sind und damit nicht unter die Ausgabenfunktion nach der Multiplikatorhypothese fallen.

Solche autonomen Investitions- und Konsumausgaben lassen sich prinzipiell auf zweifache Art begründen:

a) Bei der empirischen Anwendung der Theorie können in den Regressionsgleichungen der auf den Bereich der Unternehmungen bezogenen Investitionsfunktionen (nach dem Akzelerationsprinzip) und der auf den Sektor der Haushalte bezogenen Konsumfunktion (nach der Multiplikatorhypothese) konstante Glieder auftreten. Mit anderen Worten: Die Regressionsgleichungen der empirischen

[27] Vgl. S. 32 ff.

Analyse können inhomogen sein, und die Theorie will die inhomogenen Glieder von vornherein zulassen.

b) Es besteht aus theoretischen Überlegungen die Vermutung, daß die Konsumausgaben sich nicht allein nach der Höhe des Volkseinkommens richten und neben den nach dem Akzelerationsprinzip induzierten Investitionen auch anders zu erklärende Investitionen auftreten.

In der theoretischen Literatur wird im allgemeinen die Begründung nach b) vorgezogen mit der zusätzlichen Annahme, daß die autonomen Ausgaben im Zeitablauf zunehmen und so ein tendenzielles Wachstum der Modellvariablen bewirken[1].

2. In der Sektorenanalyse sind die Ausgaben im allgemeinen Fall nicht nach Kategorien wie Konsum- und Investitionsausgaben klassifiziert. Bei funktioneller Disaggregation erscheinen zwar Sektoren wie „Unternehmungen" und „Haushalte", die eine spezielle Interpretation ihrer Ausgaben zulassen können. Dies bedeutet, daß für die „Haushalte", die keine Investitionsausgaben leisten, Akzelerationskoeffizienten b_{ij} von Null gelten können, nicht aber, daß für die „Unternehmungen" die Koeffizienten a_{ij} Null sein müssen. Denn in diesen Koeffizienten kann für die „Unternehmungen" u. a. eine „marginal propensity to invest" in Erscheinung treten[2]. Die Sektorenanalyse enthält also für die Sektoren der Unternehmungen eine Hypothese mehr als Konjunkturmodelle, die nur nach dem Akzelerationsprinzip induzierte und autonome Investitionen zulassen.

Es ist zu vermuten, daß ein größerer Teil der in den Konjunkturmodellen als autonom angesetzten, aber mit der Zeit wachsenden Investitionsausgaben vom allgemeinen Niveau der ökonomischen Aktivität abhängt[3]. Dieser Teil wird in der Sektorenanalyse in den Ausgabenfunktionen nach der Multiplikatorhypothese miterfaßt.

3. Obgleich damit in der Zeit wachsende autonome Ausgaben für die Sektorenanalyse eine weniger wichtige Rolle spielen als in der herkömmlichen Konjunkturtheorie, könnten sie in den zu entwickelnden Modellen leicht berücksichtigt werden, indem die dort abzuleitenden partikulären oder Gleichgewichtslösungen nicht als konstant, sondern mit der Zeit wachsend angesetzt werden.

Wir werden von dieser Möglichkeit jedoch keinen Gebrauch machen und wollen autonome Ausgaben, soweit nicht ausdrücklich auf eine andere Interpretation verwiesen wird[4], als inhomogene Glieder empirisch gewonnener Regressionsgleichungen auffassen.

---

[1] Vgl. z. B. J. R. *Hicks,* a.a.O., S. 96 f.; R. M. *Goodwin,* a.a.O., S. 7, 9.

[2] Vgl. dazu S. 30 f.

[3] Vgl. hierzu auch die Diskussion verschiedener Kategorien von autonomen Investitionen bei W. *Mieth,* a.a.O., S. 55.

[4] Vgl. dazu die Diskussion zusätzlicher autonomer Ausgaben im zweiten Teil, S. 53 ff.

4. Nun haben in der Konjunkturtheorie in der Zeit wachsende autonome Investitionen die wichtige Funktion, Schwankungen der Variablen um einen ansteigenden Trend[5] zu erklären, wie sie in der Wirklichkeit zu beobachten waren, und damit eine Verbindung von Wachstums- und Konjunkturtheorie herzustellen[6]. Auch für eine mittelfristige Analyse ist eine solche Verbindung zu fordern, da sie neben der konjunkturellen Lage auch die in dieser Situation vorherrschende Wachstumstendenz zu beschreiben vermag.

Dieser Forderung kann die Sektorenanalyse auf folgende Weise gerecht werden: In den Konjunkturmodellen werden Schwingungen meist durch die beiden konjugiert komplexen Lösungen einer Differenzengleichung zweiter Ordnung und die Wachstumstendenzen mit der Überlagerung dieser Schwingungen durch die Wirkung wachsender autonomer Ausgaben erklärt. In der Sektorenanalyse gilt für das ganze System und jeden einzelnen Sektor jedoch eine Zahl von Lösungen von Differenzengleichungen, die größer als zwei ist[7]. Neben konjugiert komplexen Lösungen, die Schwingungen erzeugen, können dabei auch reelle Lösungen auftreten, die unter bestimmten Bedingungen Wachstum bedeuten.

6. Abschnitt

Die Hypothese der Expansions- und Kontraktionsgrenzen

1. Die Hypothese der Expansions- und Kontraktionsgrenzen kommt in den neueren Konjunkturmodellen formal in der stückweisen Linearität (Hicks) oder der Nichtlinearität (Goodwin) der Investitionsfunktion zum Ausdruck. Sie wird jedoch ökonomisch begründet mit der Wirksamkeit exogener Faktoren.

Wir wollen kurz untersuchen, ob und in welcher Weise ein Zusammenhang zwischen diesen exogenen Faktoren und den nicht von Preisveränderungen bereinigten Einnahmen-Ausgabenströmen von Sektoren hergestellt werden kann oder ob andere ökonomische Argu-

---

[5] Dieser Trend darf nicht mit dem sog. „Gleichgewichtspfad" Harrodscher Prägung verwechselt werden, denn die Abweichungen des tatsächlichen Volkseinkommens von diesem Gleichgewichtspfad nach unten und oben brauchen sich nicht aufzuheben.

[6] Vgl. dazu auch E. *Schneider*, Der gegenwärtige Stand der Theorie der Beschäftigung, in: Die Problematik der Vollbeschäftigung, Schriften des Vereins für Sozialpolitik, N.F., Bd. 3, Berlin 1951, S. 31.

[7] Das Verhalten des einzelnen Sektors werden wir, wie auch in der Konjunkturtheorie üblich, mit Differenzengleichungen zweiter Ordnung beschreiben. Für ein ganzes System gilt nichtsdestoweniger eine Differenzengleichung höherer Ordnung, deren Lösungen für jeden Sektor relevant sind. Vgl. hierzu die Diskussion in Teil II.

mente anzuführen wären, wenn die Annahme der Linearität der Ausgabenfunktionen aufgegeben werden soll.

2. Nach der modernen Konjunkturtheorie gibt es einen „full capacity output", der durch Vollbeschäftigung des exogen vorgegebenen Bestandes an Produktionsfaktoren, besonders der vorhandenen Arbeitskräfte, gekennzeichnet ist[1]. Das Angebot an Produktionsfaktoren und die gebräuchlichen Produktionsmethoden ändern sich kurzfristig nicht. Auch eine Transferierbarkeit von Produktionsfaktoren zwischen einzelnen Produktionsbereichen ist im „short run" nicht zu unterstellen. Demnach gibt es auch für einzelne Industriezweige sowie für die Bereiche der Konsum- und Investitionsgüterindustrie maximale Ausbringungsmengen. Da nicht erwartet werden kann, daß im Aufschwung diese Bereiche gleichzeitig das Niveau ihrer Maximalausbringung erreichen, ist die gesamtwirtschaftliche Expansionsgrenze („ceiling") als eine Ausbringungszone aufzufassen, in der in einzelnen Industriezweigen fortgesetzt neue Engpässe auftreten.

Diese Argumente könnten ohne Schwierigkeiten auf die Produktionssektoren einer Sektorenanalyse in „real terms" übertragen werden. In einer „monetary analysis" entfällt jedoch die Möglichkeit, eindeutig von einer Veränderung der nichtdeflationierten Geldströme auf eine Veränderung der Güterströme oder ihrer „preisbereinigten" monetären Äquivalente zu schließen. Die gerade bei Engpässen auftretenden Preissteigerungen sind imstande, die Relation zwischen Geld- und Güterströmen stark zu verzerren.

3. Eine güterwirtschaftliche Begründung von Expansionsgrenzen einer Volkswirtschaft war in älteren Konjunkturtheorien keinesfalls die Regel. Damals argumentierte man häufig mit einer durch geld- und kreditpolitische Maßnahmen der Banken begründeten „monetary ceiling", die am Ende eines Aufschwungs eine weitere Expansion der Geldkreisläufe verhindere[2]: Die wegen der Deckungsvorschriften der Banken einsetzende „Geldkapitalverknappung" führe zu einer kräftigen Erhöhung der Zinssätze und drossele das Investitionsvolumen so, daß ein Umschwung eintrete.

Auch diese Argumentation ist für eine monetäre Sektorenanalyse kaum brauchbar, da einerseits nach moderner Auffassung die Investitionen bzw. Ausgaben nicht genügend zinselastisch sind und anderer-

---

[1] Vgl. J. R. *Hicks*, a.a.O., S. 95, S. 125 ff.; H. *Geyer*, a.a.O., S. 113, 152; W. *Mieth*, a.a.O., S. 74.

[2] So z. B. in der „rein monetären" Konjunkturtheorie von Hawtrey. Vgl. R. G. *Hawtrey*, Trade and Credit, London 1928, wiederabgedruckt in Readings in Business Cycle Theory, a.a.O., S. 330 ff., sowie auch die Darstellung bei G. *Haberler*, Prosperität und Depression, a.a.O., S. 30 f.

Zur Diskussion des Verhältnisses der „monetary ceiling" zur „real ceiling" vgl. J. R. *Hicks*, a.a.O., S. 125, 159.

seits nicht einzusehen ist, warum die Banken eine Kontraktionspolitik verfolgen sollten, ehe ein Aufschwung durch eine „real ceiling" abgebremst wird[3].

Auch eine Sektorenanalyse „in monetary terms" müßte demnach den Umschwung mit der „real ceiling" der Produktionssektoren begründen. Eine nähere Kennzeichnung der Expansionsgrenzen durch nicht-lineare Ausgabenfunktionen ist jedoch kaum möglich, da nicht genau angegeben werden kann, bei welchem Volumen der nichtdeflationierten Geldströme die „real ceiling" erreicht wird.

4. Die Konzeption der Expansionsgrenzen hat allerdings auch in der güterwirtschaftlichen Betrachtungsweise nur heuristischen Erklärungswert. Empirische Analysen sind kaum in der Lage, die Größe eines „full capacity output" für eine konkrete Situation der Gegenwart oder Vergangenheit zu ermitteln.

5. Die Kontraktionsgrenzen einer Volkswirtschaft werden in den Konjunkturmodellen meist als Gleichgewichtslösungen kontraktiver Multiplikatorprozesse beschrieben[4]. Die Akzelerationshypothese wird für die Abschwungphase außer Kraft gesetzt, da negative induzierte Nettoinvestitionen nur bis zur Höhe unterlassener Ersatzinvestitionen vorstellbar sind. Für den Abschwung gilt also eine andere Investitionsfunktion als für den Aufschwung.

Die Frage, ob eine ähnliche Annahme für die Sektorenanalyse gerechtfertigt ist, läßt sich schwer entscheiden. So ist z. B. ungewiß, ob sich eine Parallele zur sogenannten Asymmetrie des Kapazitätsakzelerators im positiven und negativen Wirkungsbereich finden läßt[5], wenn auf die Verbindung der Einnahmen-Ausgabenströme durch die Bestandsgröße des Kapitalstocks verzichtet wird. Mit Sicherheit kann nur festgestellt werden, daß die Ausgaben eines Sektors wegen bestimmter Mindesterfordernisse nicht beliebig sinken können, wobei es gleichgültig ist, ob seine Einnahmen zunächst weiterhin abnehmen oder ein Depressionsniveau anstreben.

---

[3] Vgl. J. R. *Hicks*, a.a.O., S. 159 ff.
[4] Vgl. z. B. J. R. *Hicks*, a.a.O., S. 102 f.; H. *Geyer*, a.a.O., S. 154 ff.
[5] Vgl. S. 40.

Zweiter Teil

Formulierung, Lösung und Diskussion von Sektorenmodellen

1. Abschnitt

Alternative Formulierungen von Sektorenmodellen

1. Den Sektorenmodellen dieses Teils der Arbeit werden die Multiplikator- und die Akzelerationshypothese zugrundegelegt. Je nach der Berücksichtigung nur der erstgenannten Hypothese oder beider Hypothesen und verschiedenartiger zeitlicher Verzögerungen in den Ausgabenfunktionen ergeben sich alternative Modellkonstruktionen.

Wir entwickeln zunächst in Anlehnung an Chipman[1] einen Modellansatz, der nur die Multiplikatorhypothese enthält. Anschließend zeigen wir einige Ansätze mit beiden Hypothesen, aber unterschiedlichen zeitlichen Verzögerungen in den Ausgabenfunktionen.

2. Für die von jetzt ab einzuführende mathematische Schreibweise sollen folgende Vereinbarungen gelten:

a) Der Buchstabe n kennzeichnet die Zahl der Sektoren. Die Fußindizes i und/oder j durchlaufen, soweit nicht anders vermerkt, die Zahlen 1, 2, ..., n.

b) Große Buchstaben mit einfachen oder doppelten Fußindizes bezeichnen Ausgaben oder Einnahmen einzelner Sektoren, nämlich

A_{ij} die Gesamtausgaben des Sektors j an den Sektor i[2],

C_{ij} die autonomen Ausgaben des Sektors j an den Sektor i,

Y_i die Gesamteinnahmen des Sektors i,

C_i die gesamten an den Sektor i geleisteten autonomen Ausgaben.

---

[1] Vgl. J. S. *Chipman*, Theory, Chapter 6, S. 91 ff.

[2] Wir unterscheiden dabei also nicht mehr wie im ersten Teil Ausgaben nach der Multiplikatorhypothese (A^*_{ij}) von Ausgaben nach der Akzelerationshypothese (A^{**}_{ij}). Für den Fall, daß der Modellkonstruktion nur die Multiplikatorhypothese zugrundeliegt, ist $A^* = A_{ij}$. Wird zusätzlich die Akzelerationshypothese eingeführt, so ist $A^*_{ij} + A^{**}_{ij} = A_{ij}$. Die Unterscheidung der A_{ij} in Systemen, die entweder nur die erste oder beide Hypothesen enthalten, erfolgt durch Ziffern. Vgl. dazu unten, g).

c) Große Frakturbuchstaben symbolisieren Matrizen, nämlich
   $\mathfrak{A}$ die Matrix der marginalen, konstant angenommenen Ausgabenkoeffizienten a_{ij}, welche die Multiplikatorhypothese kennzeichnen,
   $\mathfrak{B}$ die Matrix der marginalen, konstant angenommenen Ausgabenkoeffizienten b_{ij}, welche die Akzelerationshypothese repräsentieren,
   $\mathfrak{C}$ die Matrix der autonomen Ausgaben C_{ij},
   $\mathfrak{E}$ die Einheitsmatrix[3].
d) Kleine Frakturbuchstaben bezeichnen Vektoren, nämlich
   $\mathfrak{y}$ den Vektor der Gesamteinnahmen Y_i,
   $\mathfrak{c}$ den Vektor der gesamten autonomen Ausgaben C_i.
e) Die Symbole (t), (t-1) und (t-2) kennzeichnen die Zeitperioden, auf die sich die Größen beziehen.
f) Weitere einzuführende Symbole werden an den entsprechenden Stellen des Textes definiert.
g) Die Systeme und ihre einzelnen Gleichungen werden durch zwei in Klammern geschriebene Ziffern unterschieden, wobei die erste Ziffer das System und die zweite Ziffer die Gleichung des Systems kennzeichnet. Die Ziffern (1.3) bezeichnen z. B. die dritte Gleichung des ersten Systems. Soweit im 4. Abschnitt Gleichungen zu keinem der Systeme gehören, werden sie mit den laufenden Buchstaben (a), (b), (c), ... unterschieden.

1. Ein Modell mit der Multiplikatorhypothese

1. Die Multiplikatorhypothese kommt in den Ausgabenfunktionen

$$A_{ij} = f_{ij}\,(Y_j) \tag{1.1}$$

zum Ausdruck, wonach die Ausgaben des Sektors j an den Sektor i von der Höhe seiner gesamten Einnahmen abhängen.

Unterstellen wir eine zeitliche Verzögerung von einer Periode und schreiben die Funktionen unter Berücksichtigung der marginalen Ausgabenkoeffizienten a_{ij} sowie der autonomen Ausgaben C_{ij}, so ergibt sich

$$A_{ij}\,(t) = a_{ij} Y_j\,(t-1) + C_{ij}. \tag{1.2}$$

Für $i \neq j$ handelt es sich dabei um Ausgaben des Sektors j an andere Sektoren, für $i = j$ um Innenumsätze des Sektors j. Die Einnahmen eines Sektors i ergeben sich als Summe der Ausgaben anderer Sektoren an diesen Sektor und seiner Innenumsätze:

$$Y_i\,(t) = \sum_{j=1}^{n} a_{ij} Y_j (t-1) + \sum_{j=1}^{n} C_{ij}. \tag{1.3}$$

[3] $\mathfrak{E}$ enthält also als Elemente der Nordwest-Diagonalen die Zahl 1 und sonst nur Null-Elemente.

Dieses System von n Differenzengleichungen erster Ordnung schreiben wir in Matrizenform:

(1.4) $$\mathfrak{y}(t) = \mathfrak{A}\, \mathfrak{y}(t-1) + \mathfrak{c}.$$

2. Als Variablen erscheinen die Einnahmen der Sektoren $Y_i(t)$ bzw. $Y_i\,(t—1)$ in Gestalt der Vektoren $\mathfrak{y}(t)$ bzw. $\mathfrak{y}(t—1)$ und als Parameter die Koeffizienten a_{ij} der Matrix $\mathfrak{A}$ sowie die autonomen Ausgaben C_i in der Form des Vektors $\mathfrak{c}$.

2. Modelle mit der Multiplikator- und Akzelerationshypothese

1. Die Ausgabenfunktionen eines Modells, dem die Multiplikator- und die Akzelerationshypothese zugrundeliegen, lauten in allgemeiner Form

(2.1) $$A_{ij} = \Phi_{ij}(Y_j, \Delta\, Y_j),$$

wonach die Ausgaben des Sektors j an den Sektor i von der Höhe und der Veränderung seiner gesamten Einnahmen abhängen. Soll diesen Funktionen unter Berücksichtigung der Ausgabenkoeffizienten a_{ij} und b_{ij} sowie autonomer Ausgaben C_{ij} eine spezielle Gestalt gegeben werden, so liegen hinsichtlich des Einbaus zeitlicher Verzögerungen folgende Alternativen nahe[4]:

a) Die Ausgaben eines Sektors in einer Periode t, die das Verhalten nach der Multiplikatorhypothese kennzeichnen, hängen von den Einnahmen der gleichen Periode t oder der Vorperiode t—1 ab.

b) Die Ausgaben eines Sektors in der Periode t, die ein Verhalten nach der Akzelerationshypothese ausdrücken, sind von der Differenz der Einnahmen in Periode t zu denen der Vorperiode t—1 abhängig oder von der Differenz der Einnahmen der Vorperiode t—1 zu denen der davorliegenden Periode t—2[5].

Wir können die Funktionen (2.1) dementsprechend in folgenden Versionen anschreiben:

(2.2a) $$A_{ij}(t) = a_{ij}Y_j(t) + b_{ij}\left\{Y_j(t) — Y_j(t—1)\right\} + C_{ij};$$

(2.2b) $$A_{ij}(t) = a_{ij}Y_j(t—1) + b_{ij}\left\{Y_j(t) — Y_j(t—1)\right\} + C_{ij};$$

(2.2c) $$A_{ij}(t) = a_{ij}Y_j(t) + b_{ij}\left\{Y_j(t—1) — Y_j(t—2)\right\} + C_{ij};$$

(2.2d) $$A_{ij}(t) = a_{ij}Y_j(t—1) + b_{ij}\left\{Y_j(t—1) — Y_j(t—2)\right\} + C_{ij}.$$

---

[4] Vgl. S. 35 und 43.

[5] Sowohl zu a) als auch zu b) gibt es natürlich weitere Alternativen, z. B. den Einbau von „distributed lags“. Weiterhin könnten unterschiedliche zeitliche Verzögerungen für die Ausgaben eines Sektors an verschiedene andere Sektoren gelten. Wir sehen von diesen Komplikationen jedoch ab. Vgl. dazu auch S. 33 f.

In Matrizenschreibweise ergeben sich daraus folgende Systeme von Differenzengleichungen:

(2.3a) $$\mathfrak{y}(t) = \mathfrak{A}\,\mathfrak{y}(t) + \mathfrak{B}\left\{\mathfrak{y}(t) - \mathfrak{y}(t-1)\right\} + \mathfrak{c};$$

(2.3b) $$\mathfrak{y}(t) = \mathfrak{A}\,\mathfrak{y}(t-1) + \mathfrak{B}\left\{\mathfrak{y}(t) - \mathfrak{y}(t-1)\right\} + \mathfrak{c};$$

(2.3c) $$\mathfrak{y}(t) = \mathfrak{A}\,\mathfrak{y}(t) + \mathfrak{B}\left\{\mathfrak{y}(t-1) - \mathfrak{y}(t-2)\right\} + \mathfrak{c};$$

(2.3d) $$\mathfrak{y}(t) = \mathfrak{A}\,\mathfrak{y}(t-1) + \mathfrak{B}\left\{\mathfrak{y}(t-1) - \mathfrak{y}(t-2)\right\} + \mathfrak{c}.$$

(2.3a) und (2.3b) sind Systeme von jeweils n Differenzengleichungen erster Ordnung; (2.3c) und (2.3d) stellen Systeme von je n Differenzengleichungen zweiter Ordnung dar.

Als Variablen erscheinen in diesen Systemen wieder die Einnahmen. Die Zahl der Parameter hat sich gegenüber (1.4) um die Koeffizienten der Matrix $\mathfrak{B}$ erhöht.

3. Auswahl der Modellansätze und Ziel der Untersuchung

1. Aus den so formulierten Sektorenmodellen haben wir nun diejenigen auszuwählen, die wir im folgenden ausführlicher behandeln wollen.

Wir wählen erstens den Modellansatz mit der Multiplikatorhypothese und versuchen, einige Erkenntnisse der bereits ausgearbeitet vorliegenden Theorie des Sektorenmultiplikators in komprimierter Darstellung zu vermitteln.

Von den vier Modellansätzen mit der Multiplikator- und Akzelerationshypothese wählen wir zweitens den Ansatz (2.3c). Diese Wahl erfolgt aus zwei Gründen:

a) Das empirische Material, das für die Anwendung der Theorie im dritten Teil dieser Untersuchung verarbeitet wurde, legte eine Formulierung der Ausgabenfunktionen nach (2.2c) nahe. Die Ausführungen sollen in diesem Sinne auch als Vorbereitung auf den dritten Teil dienen.

b) Der Ansatz (2.3c) wird durch ein System von n Differenzengleichungen zweiter Ordnung repräsentiert. Solche Systeme wurden in der nationalökonomischen Literatur unseres Wissens bisher nicht behandelt.

2. In den folgenden beiden Abschnitten werden wir die ausgewählten Ansätze lösen und ihre speziellen Eigenschaften diskutieren.

Die Ableitung der Lösungen dient weniger dazu, eine Methode zur Vorausberechnung der Variablen für spätere Zeitperioden anzugeben. Die Berechnung der Lösungen eines Zahlenbeispiels oder eines empirischen Modells wäre mit sehr großem Rechenaufwand verbunden. Sollen die Variablen für eine begrenzte Anzahl von Perioden vorausberechnet werden, so geht man zweckmäßigerweise nach der Methode des sukzessiven Einsetzens vor[6]: In einen Modellansatz, z. B. (1.4) oder (2.3c), setze man zunächst die Eingangsbedingungen ein und berechne die Werte der Variablen in der folgenden Periode. Diese Größen setze man erneut in den Modellansatz ein und bestimme die Werte der Variablen in der nächstfolgenden Periode usf. Obgleich auch dieses Verfahren recht mühsam ist, wenn es sich nicht um eine einzelne Differenzengleichung, sondern ein ganzes System von Differenzengleichungen handelt, führt es schneller zum Ziel als der Umweg über die Berechnung der Lösungen.

Die Ableitung der Lösungen ist jedoch erforderlich, da die Lösungen selbst einige Eigenschaften der Systeme verdeutlichen und als Grundlage der weiteren Diskussion dienen. Die Diskussion richtet sich besonders auf die Eigenschaften der Stabilität, des Wachstums und/oder der Schwingungen der Variablen im Zeitablauf. Sie steht im Mittelpunkt der folgenden Analyse.

3. Es wird sich herausstellen, daß die Diskussion des zweiten der ausgewählten Modellansätze nur wenige allgemeine Aussagen zuläßt, wenn nicht für die Elemente der Koeffizientenmatrizen $\mathfrak{A}$ und $\mathfrak{B}$ Zahlenwerte vorliegen.

Im vierten Abschnitt werden daher Methoden erläutert, mit deren Hilfe man zu Aussagen über Stabilität, Wachstum und/oder Schwingungen der Variablen eines beliebigen, aus Differenzengleichungen bestehenden Modells gelangen kann, wenn für die Koeffizienten Zahlenwerte bekannt sind.

Eine Anwendung dieser Methoden wird im dritten Teil der Arbeit gezeigt.

2. Abschnitt

Lösungen und spezielle Eigenschaften eines Modells mit der Multiplikatorhypothese

1. Wir leiten in diesem Abschnitt in Anlehnung an Chipman zunächst die Lösung des Systems (1.4) ab und diskutieren einige seiner Eigenschaften. Die Argumente sind zum Teil auch für ein System relevant, das zusätzlich die Akzelerationshypothese enthält.

2. In der Lösung eines Systems von Differenzengleichungen werden die Werte der Variablen in einem beliebig zu wählenden späteren Zeitpunkt durch Größen ausgedrückt, die sich aus den Parametern und den Eingangsbedingungen ermitteln lassen.

---

[6] Diese Berechnungsmethode bezeichnet man auch als „iterative Lösung". Vgl. z. B. J. *Jaksch*, a.a.O., S. 72.

Man unterscheidet zwei Schreibweisen der Lösungen, die im folgenden unter 1. und 2. dargestellt werden sollen[1]:

a) In der Matrixlösung erscheinen die Werte aller Variablen und die diese bestimmenden Größen als Elemente von Matrizen. Diese Lösung ist relativ einfach abzuleiten.

b) Die Skalarlösung ermittelt den Wert einer einzelnen beliebigen Variablen und die Größen, welche diesen Wert bestimmen, nicht als Elemente von Matrizen, sondern als Zahlen. Die Ableitung der Skalarlösung erfordert etwas größeren Rechenaufwand, ist jedoch unumgänglich, da die Diskussion eines Systems oftmals auf Eigenschaften der Skalarlösung Bezug nehmen muß.

1. Matrixlösung

Das System (1.4) können wir unter Berücksichtigung seiner Eingangsbedingungen und/oder zusätzlicher autonomer Ausgaben auf vier verschiedene Weisen interpretieren.

Wir leiten die Matrixlösung für alle sich daraus ergebenden vier Fälle ab, beschränken uns wegen der Ähnlichkeit der Ergebnisse später jedoch auf die weitere Untersuchung nur einer Version.

a) Ungleichgewicht als Ausgangszustand, keine zusätzlichen autonomen Ausgaben

1. Das System befinde sich in Periode t = 0 nicht im Gleichgewicht. Die Einnahmen der Sektoren in dieser Periode, die keine Gleichgewichts-Einnahmen sind, seien durch den Vektor $\mathfrak{y}_a(0) = \mathfrak{y}_0$ dargestellt[2]. Es treten keine zusätzlichen autonomen Ausgaben auf. Untersucht wird also der weitere Ablauf eines Prozesses, der sich im Ausgangszustand bereits im Gang befindet.

Durch sukzessives Einsetzen in (1.4) können wir unter diesen Voraussetzungen entwickeln:

$$\mathfrak{y}_a(0) = \mathfrak{y}_0,$$

$$\mathfrak{y}_a(1) = \mathfrak{A}\mathfrak{y}_0 + \mathfrak{c},$$

$$\mathfrak{y}_a(2) = \mathfrak{A}(\mathfrak{A}\mathfrak{y}_0 + \mathfrak{c}) + \mathfrak{c} = \mathfrak{A}^2\mathfrak{y}_0 + (\mathfrak{E} + \mathfrak{A})\,\mathfrak{c},$$

$$\mathfrak{y}_a(3) = \mathfrak{A}\left\{\mathfrak{A}^2\mathfrak{y}_0 + (\mathfrak{E} + \mathfrak{A})\,\mathfrak{c}\right\} + \mathfrak{c} = \mathfrak{A}^3\mathfrak{y}_0 + (\mathfrak{E} + \mathfrak{A} + \mathfrak{A}^2)\,\mathfrak{c},$$

$$\vdots$$

(1.5a) $$\mathfrak{y}_a(t) = \mathfrak{A}^t\mathfrak{y}_0 + (\mathfrak{E} + \mathfrak{A} + \mathfrak{A}^2 + \ldots + \mathfrak{A}^{t-1})\,\mathfrak{c}.$$

Durch Summieren der geometrischen Reihe von Matrizen in (1.5a) ergibt sich

(1.6a) $$\mathfrak{y}_a(t) = \mathfrak{A}^t\mathfrak{y}_0 + (\mathfrak{E} - \mathfrak{A}^t)\,(\mathfrak{E} - \mathfrak{A})^{-1}\mathfrak{c},$$

---

[1] Vgl. J. S. *Chipman*, Theory, S. 94 ff.

[2] Die Fußindices a, b, c, d in $\mathfrak{y}_a(t)$, $\mathfrak{y}_b(t)$, $\mathfrak{y}_c(t)$, $\mathfrak{y}_d(t)$ bedeuten, daß es sich um die Einnahmen in den Fällen a, b, c, d handelt.

wobei vorausgesetzt werden muß, daß die Matrix ($\mathfrak{E} - \mathfrak{A}$) nicht singulär ist, so daß gilt: $|\mathfrak{E}-\mathfrak{A}| \neq 0$[3].

2. Die Lösung (1.6a) setzt sich aus zwei Teilen zusammen, von denen der eine zeitabhängig, der andere zeitunabhängig ist:

(1.7a) $$\mathfrak{y}_a(t) = \mathfrak{A}^t\mathfrak{y}_0 - \mathfrak{A}^t(\mathfrak{E} - \mathfrak{A})^{-1}\mathfrak{c} + (\mathfrak{E} - \mathfrak{A})^{-1}\mathfrak{c}.$$

Wir bezeichnen den zeitunabhängigen Teil als statische Lösung $\bar{\mathfrak{y}}_a$. Diese ist eine partikuläre Lösung des Systems inhomogener Gleichungen (1.4) und gibt die Werte an, denen die Variablen zustreben, falls sich das System einem stationären Gleichgewichtszustand nähert, d. h. stabil ist. Für $t \to \infty$ muß dann die Gleichgewichtsbedingung

(1.8a) $$\mathfrak{y}_a(t) = \mathfrak{y}_a(t-1) = \bar{\mathfrak{y}}_a$$

gelten. Die statische Lösung können wir auch bestimmen, indem wir (1.8a) unmittelbar in das Ausgangssystem (1.4) einsetzen:

(1.9a) $$\bar{\mathfrak{y}}_a = (\mathfrak{E} - \mathfrak{A})^{-1}\mathfrak{c}\ ^{4}.$$

Den zeitabhänigen Teil bezeichnen wir als dynamische Lösung $\dot{\mathfrak{y}}_a(t)$:

(1.10a) $$\dot{\mathfrak{y}}_a(t) = \mathfrak{A}^t\mathfrak{y}_0 - \mathfrak{A}^t(\mathfrak{E} - \mathfrak{A})^{-1}\mathfrak{c}.$$

Dieser Ausdruck repräsentiert die Lösung des zu (1.4) gehörenden Systems homogener Differenzengleichungen und beschreibt die Entwicklung der Variablen im Zeitablauf.

Die dynamische Lösung entscheidet folglich über Stabilität, Wachstum und/oder Schwingungen.

Die Summe aus der statischen und dynamischen Lösung ist die allgemeine Lösung (1.6a) bzw. (1.7a).

b) Ungleichgewicht als Ausgangszustand, zusätzliche autonome Ausgaben

Wir setzen als Eingangsbedingung wieder den Vektor $\mathfrak{y}_b(0) = \mathfrak{y}_0$, der ein Ungleichgewicht im Ausgangszustand kennzeichnen soll, nehmen jetzt aber an, daß von $t = 1$ ab dauernd ein Strom zusätzlicher autonomer Ausgaben $\Delta\mathfrak{c}$ fließt.

In diesem Fall ist offenbar an die Stelle von $\mathfrak{c}$ in (1.6a) lediglich $\mathfrak{c} + \Delta\mathfrak{c}$ zu setzen, so daß sich ergibt:

(1.6b) $$\mathfrak{y}_b(t) = \mathfrak{A}^t\mathfrak{y}_0 + (\mathfrak{E} - \mathfrak{A}^t)(\mathfrak{E} - \mathfrak{A})^{-1}(\mathfrak{c} + \Delta\mathfrak{c}) \qquad (\text{mit } |\mathfrak{E} - \mathfrak{A}| \neq 0).$$

Die statische Lösung ist in diesem Fall

(1.9b) $$\bar{\mathfrak{y}}_b = (\mathfrak{E} - \mathfrak{A})^{-1}(\mathfrak{c} + \Delta\mathfrak{c})$$

---

[3] Nur unter dieser Voraussetzung kann die inverse Matrix $(\mathfrak{E}-\mathfrak{A})^{-1}$ gebildet werden.

[4] Die inverse Matrix $(\mathfrak{E}-\mathfrak{A})^{-1}$ gibt hierbei die (statischen) Multiplikatoren an.

und die dynamische Lösung

(1.10b) $$\dot{\mathfrak{y}}_b(t) = \mathfrak{A}^t\mathfrak{y}_0 - \mathfrak{A}^t(\mathfrak{E} - \mathfrak{A})^{-1}(\mathfrak{c} + \Delta\mathfrak{c}).$$

c) Gleichgewicht als Ausgangszustand, keine zusätzlichen autonomen Ausgaben

Das System befinde sich in Periode $t = 0$ im Gleichgewicht. Die Gleichgewichts-Einnahmen der Sektoren in dieser Periode seien durch den Vektor $\mathfrak{y}_c(0) = \mathfrak{y}_g$ dargestellt. Es gebe keine zusätzlichen autonomen Ausgaben.

In diesem Fall wird das Gleichgewicht im Ausgangszustand nicht gestört; das System ist stationär. Die (1.6a) entsprechende Lösung lautet

(1.6c) $$\mathfrak{y}_c(t) = \mathfrak{y}_g = \mathfrak{A}^t\mathfrak{y}_g + (\mathfrak{E} - \mathfrak{A}^t)(\mathfrak{E} - \mathfrak{A})^{-1}\mathfrak{c} \qquad (\text{mit } |\mathfrak{E} - \mathfrak{A}| \neq 0).$$

Daraus ergibt sich

(1.7c) $$\mathfrak{y}_g = (\mathfrak{E} - \mathfrak{A}^t)^{-1}(\mathfrak{E} - \mathfrak{A}^t)(\mathfrak{E} - \mathfrak{A})^{-1}\mathfrak{c}.$$

Dieser Ausdruck ist die statische Lösung:

(1.8c) $$\mathfrak{y}_g = \bar{\mathfrak{y}}_c = (\mathfrak{E} - \mathfrak{A})^{-1}\mathfrak{c}.$$

Die dynamische Lösung ist gleich Null. Dieser Fall ist trivial und theoretisch uninteressant.

d) Gleichgewicht als Ausgangszustand, zusätzliche autonome Ausgaben

1. Die Gleichgewichts-Einnahmen der Sektoren in Periode $t = 0$ seien wieder durch den Vektor $\mathfrak{y}_d(0) = \mathfrak{y}_g$ gekennzeichnet. Von Periode $t = 1$ ab fließe ein Strom zusätzlicher autonomer Ausgaben $\Delta\mathfrak{c}$.

In (1.6c) tritt dann an die Stelle von $\mathfrak{c}$ die Summe $\mathfrak{c} + \Delta\mathfrak{c}$, so daß sich ergibt:

(1.6d) $$\mathfrak{y}_d(t) = \mathfrak{A}^t\mathfrak{y}_g + (\mathfrak{E} - \mathfrak{A}^t)(\mathfrak{E} - \mathfrak{A})^{-1}(\mathfrak{c} + \Delta\mathfrak{c}) \qquad (\text{mit } |\mathfrak{E} - \mathfrak{A}| \neq 0).$$

Die statische Lösung ergibt sich hier als

(1.7d) $$\bar{\mathfrak{y}}_d = (\mathfrak{E} - \mathfrak{A})^{-1}(\mathfrak{c} + \Delta\mathfrak{c})$$

und die dynamische Lösung als

(1.8d) $$\dot{\mathfrak{y}}_d = \mathfrak{A}^t\mathfrak{y}_g - \mathfrak{A}^t(\mathfrak{E} - \mathfrak{A})^{-1}(\mathfrak{c} + \Delta\mathfrak{c}).$$

2. In der Theorie des Sektorenmutiplikators (sowie auch in der älteren Multiplikatortheorie) beschränkt man sich meist auf die Untersuchung dieses Falls. Dabei reicht es aus, die Analyse auf die zeitliche Veränderung der Einnahmen gegenüber dem Ausgangszustand abzustellen.

Die Veränderung der Einnahmen gegenüber dem Ausgangsgleichgewicht, $\Delta\mathfrak{y}_d(t)$, erhalten wir, indem wir in (1.6d) auf beiden Seiten

$\mathfrak{y}_g$ subtrahieren. Unter Berücksichtigung der Schreibweise (1.6c) für $\mathfrak{y}_g$ ergibt sich

(1.9d) $$\Delta\mathfrak{y}_d(t) = \mathfrak{y}_d(t) - \mathfrak{y}_g = (\mathfrak{E} - \mathfrak{A}^t)(\mathfrak{E} - \mathfrak{A})^{-1}\Delta\mathfrak{c}.$$

Mit dieser Matrixlösung arbeitet z. B. Chipman[5].

Die statische Lösung lautet hier

(1.10d) $$\Delta\bar{\mathfrak{y}}_d = (\mathfrak{E} - \mathfrak{A})^{-1}\Delta\mathfrak{c}$$

und die dynamische Lösung

(1.11d) $$\Delta\dot{\mathfrak{y}}_d(t) = -\mathfrak{A}^t(\mathfrak{E} - \mathfrak{A})^{-1}\Delta\mathfrak{c}.$$

3. Es ist ersichtlich, daß sich sowohl die statischen als auch die dynamischen Lösungen in allen Fällen nur durch die Eingangsbedingungen $\mathfrak{y}_0$ bzw. $\mathfrak{y}_g$ und/oder durch die Berücksichtigung zusätzlicher autonomer Ausgaben $\Delta\mathfrak{c}$ unterscheiden. Da es sich bei diesen Größen um Konstanten handelt, muß die zeitliche Entwicklung der Einnahmen jeweils vom gleichen Typ sein; sie wird nur durch die Gestalt der Matrix $\mathfrak{A}$ bestimmt.

So entscheidet die Matrix $\mathfrak{A}$ offenbar über die Stabilität eines Modells mit der Multiplikatorhypothese: Aus der Gestalt der zeitabhängigen Matrixlösungen für alle vier Fälle geht hervor, daß diese Lösungen im Zeitablauf ihren Einfluß verlieren, wenn die Matrix $\mathfrak{A}^t$ für $t \to \infty$ gegen die Nullmatrix konvergiert: $\lim_{t\to\infty} \mathfrak{A}^t = 0$. Die Einnahmen streben dann den Werten der statischen Lösungen zu.

Wir können die Untersuchung der zeitlichen Entwicklung der Einnahmen im folgenden auf den Fall a) beschränken. Alle Ableitungen gelten auch für die übrigen Fälle. Es wären gegebenenfalls nur andere Eingangsbedingungen zu setzen und/oder der Vektor der autonomen Ausgaben $\mathfrak{c}$ wäre um $\Delta\mathfrak{c}$ zu berichtigen.

2. Skalarlösung

Die allgemeinen skalaren Lösungen für die Sektoren des Systems (1.4) bestehen aus den statischen und den dynamischen Skalarlösungen.

Wir leiten für einen beliebigen Sektor i zunächst die statische und dann die dynamische Skalarlösung ab.

a) Statische Skalarlösung[6]

Die statische skalare Lösung für den Sektor i ist aus der Matrixlösung (1.9a) zu ermitteln. Ein beliebiges Element $\bar{Y}_i$ des Vektors $\bar{\mathfrak{y}}_a$ lautet nach der Cramerschen Regel, nach der das System (1.9a) gelöst werden kann,

---

[5] Vgl. J. S. *Chipman*, Theory, S. 95.

[6] Vgl. J. S. *Chipman*, Theory, S. 97 f.

(1.12)
$$\overline{Y}_i = \frac{\begin{vmatrix} (1-a_{11}) & -a_{12} & \dots & C_1 \dots & -a_{1n} \\ -a_{21} & (1-a_{22}) & \dots & C_2 \dots & -a_{2n} \\ \cdot & & & & \cdot \\ \cdot & & & & \cdot \\ \cdot & & & & \cdot \\ -a_{n1} & -a_{n2} & \dots & C_n \dots & (1-a_{nn}) \end{vmatrix}}{\begin{vmatrix} (1-a_{11}) & -a_{12} & \dots -a_{1j} \dots & -a_{1n} \\ -a_{21} & (1-a_{22}) & \dots -a_{2j} \dots & -a_{2n} \\ \cdot & & & \cdot \\ \cdot & & & \cdot \\ \cdot & & & \cdot \\ -a_{n1} & -a_{n2} & \dots -a_{nj} \dots & (1-a_{nn}) \end{vmatrix}}; \qquad (i = 1, 2, \dots, n),$$

welches wir abgekürzt schreiben:

(1.13)
$$\overline{Y}_i = \frac{D_i}{D}.$$

In dieser Schreibweise bedeutet D die Determinante $|\mathfrak{E}-\mathfrak{A}|$ und D_i die Determinante, die man erhält, wenn $\mathfrak{c}$ als Spalte i in D eingesetzt wird.

b) Dynamische Skalarlösung[7]

Zur Bestimmung der dynamischen Skalarlösung für den Sektor i gehen wir vom homogenen Teil des Systems (1.4) aus und bezeichnen den Vektor der zeitabhängigen Ausgaben wieder mit $\dot{\mathfrak{y}}(t)$ bzw. $\dot{\mathfrak{y}}(t-1)$:

(1.14)
$$\dot{\mathfrak{y}}(t) = \mathfrak{A}\,\dot{\mathfrak{y}}(t-1).$$

Wir definieren nun einen Operator λ so, daß die folgende Beziehung gilt:

(1.15)
$$\lambda\dot{\mathfrak{y}}(t-1) = \dot{\mathfrak{y}}(t).$$

Durch Einsetzen von (1.15) in (1.14) ergibt sich

(1.16)
$$(\mathfrak{E}\lambda - \mathfrak{A})\,\dot{\mathfrak{y}}(t-1) = 0.$$

Folgende Lösung des Systems (1.16) ist sofort ersichtlich:

(1.17)
$$\dot{\mathfrak{y}}(t) = \dot{\mathfrak{y}}(t-1) = 0.$$

Sie kann nur dann gelten, wenn sich die Einnahmen jedes einzelnen Sektors im Zeitablauf nicht ändern, das System also stationär ist. Wir setzen voraus, daß dies nicht zutrifft. Damit (1.16) erfüllt ist, muß folglich gelten:

(1.18)
$$|\mathfrak{E}\lambda - \mathfrak{A}| = 0.$$

Diese Gleichung ist die sogenannte charakteristische Gleichung des Systems (1.4). Die linke Seite stellt ein Polynom n-ten Grades mit der Unbekannten λ dar; es gibt dementsprechend n Lösungen für λ, die wir mit λ_j $(j = 1, 2, \dots, n)$ bezeichnen. Die λ_j sind die Wurzeln oder Eigenwerte der Matrix $\mathfrak{A}$[8].

---

[7] Vgl. J. S. *Chipman*, Theory, S. 99 ff.

[8] Vgl. dazu z. B. auch R. G. D. *Allen*, Mathematical Economics, London 1956, S. 467 ff.

Jede dieser Wurzeln in der Potenz t ist eine spezielle Lösung des Systems (1.14) für Periode t. Aus einfachen mathematischen Überlegungen folgt, daß auch die Summe der Potenzen eine Lösung ist. Eine weitere Lösung ergibt sich, wenn wir in dieser Summe jede Wurzelpotenz λ_j^t mit einer Konstanten g_{ij} multiplizieren[9]. Die Konstanten lassen wir zunächst unbestimmt. Sie dienen später dazu, auch den bisher nicht berücksichtigten ökonomischen Eingangsbedingungen in der Lösung Rechnung zu tragen.

Die dynamische Skalarlösung des Systems (1.4) für einen beliebigen Sektor i lautet demnach:

(1.19) $$\dot{Y}_i(t) = \sum_{j=1}^{n} g_{ij}\,\lambda_j^t \qquad (i = 1, 2, \ldots, n).$$

c) Allgemeine Skalarlösung

Die allgemeine skalare Lösung für den Sektor i ist die Summe aus der statischen und dynamischen Lösung für diesen Sektor:

(1.20) $$Y_i(t) = \frac{D_i}{D} + \sum_{j=1}^{n} g_{ij}\,\lambda_j^t \qquad (i = 1, 2, \ldots, n).$$

d) Bestimmung der Konstanten g_{ij} aus den Eingangsbedingungen[10]

Die allgemeine Lösung (1.20) muß für die Perioden t = 0, 1, 2, ..., n—1 den folgenden Gleichungen genügen:

(1.21) $$\begin{aligned} Y_i(0) - \frac{D_i}{D} &= g_{i1} + g_{i2} + \ldots + g_{in}, \\ Y_i(1) - \frac{D_i}{D} &= g_{i1}\lambda_1 + g_{i2}\lambda_2 + \ldots + g_{in}\lambda_n, \\ Y_i(2) - \frac{D_i}{D} &= g_{i1}\lambda_1^2 + g_{i2}\lambda_2^2 + \ldots + g_{in}\lambda_n^2, \\ &\;\;\vdots \\ Y_i(n-1) - \frac{D_i}{D} &= g_{i1}\lambda_1^{n-1} + g_{i2}\lambda_2^{n-1} + \ldots + g_{in}\lambda_n^{n-1}. \end{aligned}$$

Diese Gleichungen können wir in einem System zusammenfassen und in Matrizenform schreiben. Den Vektor, den die Ausdrücke auf der linken Seite bilden, bezeichnen wir mit τ_i. So ergibt sich:

---

[9] Vgl. dazu W. J. *Baumol*, Economic Dynamics, New York 1951 (Neudruck 1954), S. 165.

[10] Vgl. J. S. *Chipman*, Theory, S. 104 ff.

(1.22)
$$\tau_i = \begin{bmatrix} 1 & 1 & \dots 1 \\ \lambda_1 & \lambda_2 & \dots \lambda_n \\ . & & \\ . & & \\ . & & \\ \lambda_1^{n-1} & \lambda_2^{n-1} & \dots \lambda_n^{n-1} \end{bmatrix} \begin{bmatrix} g_{i1} \\ g_{i2} \\ . \\ . \\ . \\ g_{in} \end{bmatrix}$$

Die Matrix auf der rechten Seite von (1.22) wird auch als Vandermonde-Matrix $\mathfrak{V}$ bezeichnet. Sind der Vektor τ_i auf der linken Seite, d. h. der Verlauf von $Y_i(t)$ für $t = 1, 2, \dots, n-1$, sowie die statische Lösung $\frac{D_i}{D}$ bekannt, und wurden außerdem die Elemente der Matrix $\mathfrak{V}$ aus der Lösung des homogenen Systems ermittelt, so bleiben als Unbekannte noch die Elemente g_{ij} des Vektors auf der rechten Seite. Bezeichnen wir diesen Vektor mit ω_i, so läßt sich (1.22) schreiben als

(1.23)
$$\omega_i = \mathfrak{V}^{-1} \tau_i.$$

Zur Berechnung der Konstanten wäre also $\mathfrak{V}$ zu invertieren. Ehe diese Aufgabe gelöst werden kann, müßten jedoch die statische und die dynamische Skalarlösung ermittelt werden und es wäre außerdem die Entwicklung der Einnahmen $Y_i(t)$ von der Eingangsbedingung $Y_i(0)$ bis zur Periode $t = n-1$ durch sukzessives Einsetzen zu berechnen[11]. Diese umfangreichen Rechenaufgaben wären für ein Zahlenbeispiel oder ein empirisches Modell sehr schwer lösbar.

e) Ergebnisse

Obgleich sich so gezeigt hat, daß die Berechnung der Lösungen kein praktisch anwendbares Verfahren für Vorausberechnungen der Einnahmen ist, vermitteln die Ableitungen doch ökonomisch wichtige Erkenntnisse, auf die wir später immer wieder Bezug nehmen könnnen.

1. Für jeden der n Sektoren gelten die gleichen Wurzeln λ_j ($j = 1,2, \dots, n$). Daraus folgt, daß sich die Einnahmen der Sektoren im Zeitablauf prinzipiell nach dem gleichen Typus entwickeln. Streben z. B. die Einnahmen eines Sektors einem Gleichgewichtswert zu, so gilt dies für die Einnahmen aller Sektoren. Unterliegen die Einnahmen eines Sektors im Zeitablauf (explosiven oder konvergenten) Schwingungen, so muß auch dieser Entwicklungstypus für alle Sektoren gültig sein.

In den Wurzeln λ_j äußert sich somit die Interdependenz aller Variablen eines Sektorenmodells.

2. Das eben genannte Ergebnis impliziert nicht, daß die Entwicklung der Einnahmen für alle Sektoren identisch sein muß. Im allgemeinen Fall gilt für jeden Sektor i eine andere Eingangsbedingung $Y_i(0)$ und eine andere statische Lösung $\frac{D_i}{D}$. Dementsprechend sind für jeden

---

[11] Vgl. S. 53.

Sektor die Vektoren τ_i und ω_i von anderer Gestalt. Dies bedeutet, daß sich die Konstanten g_{ij} der Sektoren voneinander unterscheiden können. Obwohl für alle Sektoren der gleiche Entwicklungstypus zutrifft, können abweichende Entwicklungen der Sektoreneinnahmen also zustandekommen, wenn die Konstanten g_{ij} für jeden Sektor andere Werte haben. Es wäre sogar möglich, daß die Entwicklung für zwei oder mehrere Sektoren gerade divergiert. Dieser Fall tritt ein, wenn die Vorzeichen der betreffenden Konstanten genau entgegengesetzt sind.

3. Mit Hilfe der Lösung (1.20) können Bedingungen für die Stabilität und/oder Schwingungen der Einnahmen aller Sektoren im Zeitablauf angegeben werden:

a) Das System ist stabil, wenn alle (reellen und komplexen) Wurzeln λ_j dem Betrag nach kleiner als eins sind, d. h. innerhalb des Einheitskreises der komplexen Zahlenebene für λ liegen: $|\lambda_j| < 1$ ($j = 1,2, \ldots, n$)[12]. In diesem Fall konvergieren die λ_j^t für $t \to \infty$ gegen Null.

b) Wachstumstendenzen liegen vor, wenn eine oder mehrere der reellen Wurzeln größer als eins sind (exponentielles Wachstum).

c) Die Entwicklung der Einnahmen aller Sektoren unterliegt Schwingungen, wenn einige oder alle Wurzeln λ_j komplex sind[13]. Kurzfristige, zweiperiodige Oszillationen ergeben sich auch dann, wenn eine oder mehrere reelle Wurzeln negatives Vorzeichen haben. In diesem Fall wechselt das Vorzeichen solcher λ_j^t von Periode zu Periode.

d) Die Schwingungen verlaufen gedämpft, wenn die komplexen und/oder negativen Wurzeln dem Betrage nach kleiner als eins sind. Explosive Schwingungen ergeben sich, wenn der Betrag dieser Wurzeln größer als eins ist.

4. Alle unter 1. bis 3. genannten Ergebnisse gelten uneingeschränkt nur für den Normalfall, daß die Konstanten g_{ij} bei den betreffenden Potenzen der Wurzeln von Null verschieden sind. Ist eine Konstante gleich Null, so hat die betreffende Wurzel auf die zeitliche Entwick-

---

[12] Diese Stabilitätsbedingung ist natürlich dann, und nur dann, erfüllt, wenn auch die nach der Matrixlösung formulierte Stabilitätsbedingung $\lim_{t \to \infty} \mathfrak{A}^t = 0$ zutrifft.

[13] Solche Wurzeln treten immer in konjugiert komplexen Paaren auf. Die Zahl der komplexen Wurzeln muß also immer eine gerade Zahl sein. — Der Zusammenhang zwischen komplexen Lösungen und Schwingungen ist damit zu erklären, daß sich konjugiert komplexe Zahlen nach einem Theorem von De Moivre durch Sinusfunktionen in den reellen Bereich transformieren lassen. Vgl. dazu z. B. W. J. *Baumol*, Economic Dynamics, a.a.O., S. 183 ff.; J. S. *Chipman*, Theory, S. 109 ff.; J. R. *Hicks*, a.a.O., S. 178 f.; R. G. D. *Allen*, a.a.O., bes. S. 116 ff.

lung der Variablen keinen Einfluß; das Diskussionsergebnis ist entsprechend zu modifizieren[14].

3. Spezielle Eigenschaften des Modells

Die Interdependenz der zeitlichen Entwicklung der Einnahmen aller Sektoren sowie einige wichtige Bedingungen für Stabilität, Wachstum und/oder Schwingungen der Variablen des Modells wurden bereits aus den Ableitungen der Lösungen des Systems ersichtlich.

Wir fragen nun, ob und wie sich solche Bedingungen schon für die Gestalt der Matrix $\mathfrak{A}$ des Ausgangssystems (1.4) formulieren lassen. Wir beschränken die Darstellung der Erkenntnisse der Theorie des Sektorenmultiplikators hier auf die Wiedergabe einiger besonders interessanter Aspekte[15].

a) Zur Stabilität des Modells

1. Für die Stabilität des Modells sind die folgenden Voraussetzungen über die Matrix $\mathfrak{A}$ hinreichend:

a) Alle Elemente von $\mathfrak{A}$ sind nicht negativ: $a_{ij} \geqq 0$[16].

b) Die größte Spaltensumme, die wir als Norm von $\mathfrak{A}$, $N(\mathfrak{A})$, bezeichnen, ist kleiner als eins: $N(\mathfrak{A}) < 1$.

Unter diesen Voraussetzungen sind alle Wurzeln λ_j $(j = 1,2, \ldots, n)$ dem Betrag nach kleiner als eins.

Zur Beweisführung[17] gehen wir von der charakteristischen Gleichung

$$|\mathfrak{E}\lambda - \mathfrak{A}| = 0 \tag{1.18}$$

aus. Damit (1.18) erfüllt ist, muß ein Vektor $\mathfrak{p}$ mit mindestens einem von Null verschiedenen Element P_i existieren, so daß gilt

$$(\mathfrak{E}\lambda - \mathfrak{A})\,\mathfrak{p} = 0. \tag{1.24}$$

$\mathfrak{p}$ wird auch als Eigenvektor der Matrix $\mathfrak{A}$ bezeichnet[18]. (1.24) können wir umformen zu

$$\lambda\mathfrak{p} = \mathfrak{A}\mathfrak{p}. \tag{1.25}$$

---

[14] Wir werden später einen Sonderfall behandeln, der zeigt, daß unter bestimmten Bedingungen Konstanten $g_{ij} = 0$ auftreten können. Vgl. S. 64.

[15] Weitere Eigenschaften des Modells sind bei J. S. *Chipman*, Theory, Chapter 7, S. 112 ff., dargestellt. Vgl. auch H. G. *Johnson*, A Simplification of Multi-Country Multiplier Theory, The Canadian Journal of Economics and Political Science, Vol. 22, 1956, S. 244 ff.

[16] Allgemeine Sätze über nicht negative, quadratische Matrizen sind zu finden bei G. *Debreu* und I. N. *Herstein*, Nonnegative Square Matrices, Ec, Vol. 21, 1953, S. 597 ff.

[17] Der folgende Beweis wurde von Herrn Professor Dr. E. *Burger* in der Arbeitsgemeinschaft: Mathematische Methoden in den Wirtschaftswissenschaften, im Sommersemester 1956 an der Universität Frankfurt a. M. vorgetragen.

[18] In (1.16) ist $\dot{\mathfrak{y}}(t-1)$ ein Eigenvektor zu $\mathfrak{A}$.

Wir betrachten nun die absoluten Beträge des i-ten Elementes der Vektoren auf der linken und rechten Seite von (1.25):

(1.26) $$|\lambda|\,|P_i| = \left|\sum_{j=1}^{n} a_{ij}\,P_j\right| \qquad (i = 1, 2, \ldots, n).$$

Nach Voraussetzung a) sind die a_{ij} nicht negativ. Es könnte jedoch negative P_j geben. Daher gilt

(1.27) $$|\lambda|\,|P_i| \leqq \sum_{j=1}^{n} a_{ij}\,|P_j| \qquad (i = 1, 2, \ldots, n).$$

Wir summieren die Elemente auf beiden Seiten von (1.27) über i:

(1.28) $$|\lambda| \sum_{i=1}^{n} |P_i| \leqq \sum_{i=1}^{n} \sum_{j=1}^{n} a_{ij}\,|P_j| = \sum_{j=1}^{n} |P_j| \sum_{i=1}^{n} a_{ij}.$$

An die Stelle der beliebigen Spaltensumme $\sum_{i=1}^{n} a_{ij}$ der Matrix $\mathfrak{A}$ setzen wir nun die größte dieser Spaltensummen, also $N(\mathfrak{A})$.

Nach der unter b) genannten Voraussetzung ist $N(\mathfrak{A}) < 1$. Aus (1.28) ergibt sich daher

(1.29) $$|\lambda| \leqq N(\mathfrak{A}) < 1.$$

Diese Ableitung gilt für alle Wurzeln λ_j der charakteristischen Gleichung. Der Beweis der Stabilität ist damit erbracht[19].

2. Die Voraussetzungen a) und b) lassen sich ökonomisch wie folgt interpretieren:

Nicht negative Ausgabenneigungen a_{ij} bedeuten, daß einer Erhöhung der Einnahmen eines Sektors keine Verringerung seiner Ausgaben an einen anderen oder den eigenen Sektor zugeordnet sein darf. Diese Voraussetzung wird im allgemeinen erfüllt sein.

Eine Spaltensumme der Matrix $\mathfrak{A}$ repräsentiert die Summe der Ausgabenneigungen eines Sektors j: $\sum_{i=1}^{n} a_{ij}$ $(j = 1,2, \ldots, n)$. Die größte Spaltensumme, $N(\mathfrak{A})$, ist immer dann kleiner als eins, wenn alle Sektoren in Periode t weniger ausgeben, als sie in Periode t—1 eingenommen haben[20]. Diese Voraussetzung muß nicht notwendigerweise zutreffen. Ein Sektor kann prinzipiell mehr ausgeben als einnehmen, d. h. mehr Leistungen empfangen als abgeben. Seine auf Güter- und Dienstleistungstransaktionen beruhenden Verpflichtungen[21] können zunehmen und/oder es kann Geldschöpfung stattfinden.

---

[19] Würden wir zulassen, daß $N(\mathfrak{A}) \leqq 1$, so könnte die größte Wurzel äußerstenfalls den Wert eins annehmen. Das Modell wäre in diesem Grenzfall weder stabil noch explosiv.

[20] Man kann jedoch nicht allgemein sagen, daß die Spaltensumme größer als eins ist, wenn ein Sektor in t mehr ausgibt, als er in t—1 eingenommen hat; denn ein Teil seiner Ausgaben kann autonom geleistet werden.

[21] Rein finanzielle Transaktionen hatten wir nicht unter die Definition von Ausgaben bzw. Einnahmen gefaßt. Vgl. S. 19.

b) Zum Problem der Schwingungen

1. Die Skarlarlösung (1.20) zeigt, daß die Einnahmen jedes einzelnen Sektors im Zeitablauf schwingen, wenn konjugiert komplexe Wurzeln und/oder mindestens eine reelle Wurzel mit negativem Vorzeichen auftreten, vorausgesetzt, daß die Konstanten bei diesen Wurzeln von Null verschieden sind.

Die Frage, ob die Variablen eines Sektorenmodells, das nur die Multiplikatorhypothese berücksichtigt, notwendigerweise schwingen, war Gegenstand einer Diskussion zwischen Goodwin und Chipman[22]. Unter Berücksichtigung der Tatsache, daß nach der älteren Multiplikatortheorie die untersuchte Variable sich im Zeitablauf stets schwingungsfrei entwickelt, wollen wir die wichtigsten Argumente dieser Diskussion kurz referieren[23].

2. Nach Goodwin kann man folgendermaßen argumentieren: Es ist möglich, ein System so weitgehend zu disaggregieren, daß in den Sektoren keine Innenumsätze auftreten. Die marginalen Ausgabenneigungen der Sektoren in bezug auf Innenumsätze sind dann gleich Null. In der Matrix $\mathfrak{A}$ erscheinen als Elemente der Nordwest-Diagonalen somit Nullen: $a_{ij} = 0$ für $i = j$.

Es ist eine bekannte Eigenschaft von Matrizen, daß die Summe ihrer Eigenwerte (der Wurzeln λ_j) gleich der Summe der Elemente ihrer Nordwest-Diagonalen ist. Daraus folgt, daß in Goodwins Beispiel nicht alle Wurzeln λ_j positiv sein können; es müssen auch negative Wurzeln auftreten. Selbst wenn sich keine Schwingungen auf Grund von komplexen Wurzeln ergeben, bewirken negative reelle Wurzeln, daß die Einnahmen im Zeitablauf oszillieren[24]. Nach der Argumentation von Goodwin wäre also ein System nur hinreichend zu disaggregieren, um Schwingungen aufzudecken, die in Modellen mit höherem Aggregationsgrad verborgen bleiben.

3. Die Widerlegung der Behauptung Goodwins soll zunächst an einem Beispiel nach Chipman gezeigt werden, dessen Ergebnisse wir ohne Beweis schildern[25].

In dem Beispiel wird angenommen, daß die Spaltensummen s der Matrix $\mathfrak{A}$ einander gleich und kleiner als eins sind. Es ist zugelassen, daß als Elemente der Nordwest-Diagonalen nur Nullen auftreten[26].

---

22 Vgl. R. M. *Goodwin*, The Multiplier as a Matrix, a.a.O., S. 538, 550; *derselbe*, Does the Matrix Multiplier Oscillate?, EJ, Vol. LX, 1950, S. 764 ff.; J. S. *Chipman*, Professor Goodwin's Matrix Multiplier, a.a.O., S. 753 ff.; *derselbe*, Theory, S. 125 ff.

23 Unsere Darstellung bezieht sich hauptsächlich auf J. S. *Chipman*, Theory, S. 125 ff.

24 Vgl. R. M. *Goodwin*, The Multiplier as a Matrix, a.a.O., S. 550.

25 Vgl. dazu J. S. *Chipman*, Theory, S. 121 ff.

26 Notwendig wäre eine solche Bedingung für die Ableitung nicht.

Die Ableitung zeigt, daß eine der Wurzeln λ_j des Systems gleich der Spaltensumme s ist, und die Konstanten g_{ij} für alle anderen Wurzeln gleich Null sind. Daraus folgt, daß die Lösung des Beispiels von einer einzigen Wurzel, $\lambda_j = s$, vollständig dominiert wird. Es ergibt sich eine schwingungsfreie Entwicklung der Einnahmen aller Sektoren in Richtung der Gleichgewichtswerte der statischen Lösung. Ein Einfluß negativer und/oder komplexer Wurzeln auf die Entwicklung kann nicht vorliegen, da die Konstanten, mit denen die Potenzen solcher Wurzeln zu multiplizieren wären, gleich Null sind[27]. Dieses Ergebnis verdeutlicht, daß in Ausnahmefällen nicht die Wurzeln allein über den Entwicklungstyp der Variablen eines Modells entscheiden.

4. Das Beispiel soll nun in der Weise modifiziert werden, daß die Spaltensummen der Matrix $\mathfrak{A}$ einander nicht genau, aber angenähert gleichen. Es ist intuitiv einzusehen, daß in diesem Fall eine der Wurzeln ungefähr von der Größe der Spaltensummen ist und die Konstanten bei den übrigen Wurzeln der Lösung fast Null sind[28]. Negative und/oder komplexe Wurzeln üben daher nur einen geringen Einfluß auf die zeitliche Entwicklung der Variablen aus, solange die Periodenzahl t, mit der die Wurzeln zu potenzieren sind, relativ klein ist. Die Wurzelpotenzen werden um so größer, je weiter die Zeit fortschreitet. Damit verliert die Wurzel, die in den ersten Perioden die Entwicklung fast allein bestimmt, mehr und mehr ihre dominierende Rolle, auch wenn die Konstanten bei den übrigen Wurzeln sehr klein sind.

Aus dem Beispiel kann grundsätzlich gefolgert werden, daß die Möglichkeit für Schwingungen um so eher gegeben ist, je ungleicher die Spaltensummen der Matrix $\mathfrak{A}$ sind, d. h. je mehr sich die Ausgabenneigungen der Sektoren voneinander unterscheiden.

5. Damit hat sich gezeigt, daß die Disaggregation eines Sektorenmodells mit der Multiplikatorhypothese zwar nicht mit Notwendigkeit Schwingungen aufdeckt, die bei hohem Aggregationsgrad verborgen bleiben; jedoch können durchaus Fälle auftreten, in denen die Einnahmen der Sektoren im Zeitablauf schwingen. Dieses Ergebnis steht im Widerspruch zur herkömmlichen Multiplikatortheorie.

---

[27] Nach *Chipman* kann dieses Beispiel als Keynessche Multiplikatortheorie interpretiert werden (vgl. Theory, S. 121). Die Sektoren im Beispiel können als beliebig disaggregierter Bereich der Haushalte aufgefaßt werden, die als Einkommensempfänger die gleiche marginale Konsumneigung haben. Auch die Keynessche Theorie setze eine gleiche marginale Konsumneigung der Einkommensempfänger voraus. Der Bereich der Unternehmungen brauche im Beispiel nicht explizit in Erscheinung zu treten, wenn angenommen wird, daß alle Einnahmen der Unternehmungen restlos an die Haushalte zurückfließen. Diese Annahme treffe auch für die Keynessche Multiplikatortheorie zu. Die Ergebnisse des Beispiels stimmen mit denen der Keynesschen Theorie vollständig überein.

[28] Vgl. J. S. *Chipman*, Theory, S. 130.

3. Abschnitt

Lösungen und spezielle Eigenschaft eines Modells mit der Multiplikator- und Akzelerationshypothese[1]

Auch für den aus vier Alternativen ausgewählten Modellansatz (2.3 c), dem die Multiplikator- und Akzelerationshypothese zugrundeliegen, lassen sich eine Matrix- und eine Skalarlösung ableiten.

Wir leiten zunächst wieder diese Lösungen ab. Auf Grund einer vereinfachenden Rechenoperation, die wir mit der charakteristischen Gleichung des Systems durchführen werden, wird es möglich sein, auch für das im Vergleich zu bisher behandelten Ansätzen wesentlich kompliziertere Modell eine spezielle Eigenschaft zu deduzieren.

1. Matrixlösung

Das System (2.3 c) können wir umformen zu

(2.4) $$\mathfrak{y}(t) = (\mathfrak{E} - \mathfrak{A})^{-1}\mathfrak{B}\left\{\mathfrak{y}(t-1) - \mathfrak{y}(t-2)\right\} + (\mathfrak{E} - \mathfrak{A})^{-1}\mathfrak{c},$$

wobei vorausgesetzt werden muß, daß die Matrix $(\mathfrak{E} - \mathfrak{A})$ nicht singulär ist: $|\mathfrak{E} - \mathfrak{A}| \neq 0$.

a) Statische Matrixlösung

Zur Ableitung der statischen Lösung $\bar{\mathfrak{y}}$ setzen wir die Gleichgewichtsbedingung

(2.5) $$\mathfrak{y}(t) = \mathfrak{y}(t-1) = \mathfrak{y}(t-2) = \bar{\mathfrak{y}}$$

in (2.4) ein und erhalten

(2.6) $$\bar{\mathfrak{y}} = (\mathfrak{E} - \mathfrak{A})^{-1}\mathfrak{c}.$$

Diese Lösung ist gleichlautend mit der früher für System 1 abgeleiteten statischen Lösung (1.9 a). Der Gleichgewichtszustand, dem das System zustrebt, falls es stabil ist, wird also nur von Größen bestimmt, welche die Multiplikatorhypothese ausdrücken. Ausgaben, die nach der Akzelerationshypothese geleistet werden, haben auf die Werte der Variablen im Gleichgewichtszustand keinen Einfluß[2].

b) Dynamische Matrixlösung

1. Die Ableitung der Matrixlösung des zu (2.4) gehörenden Systems homogener Gleichungen zweiter Ordnung läßt sich nicht ohne weiteres mit der einfachen Methode durchführen, die wir bei System 1 in Anlehnung an Chipman verwendeten. Dort konnten wir durch fort-

---

[1] Wir verwenden für das im folgenden behandelte System 2 die gleichen, auf S. 48 f. definierten Symbole wie für System 1, obgleich sie in jedem System eine andere Bedeutung haben.

[2] Dieses Ergebnis stimmt mit dem Resultat des einfachen Multiplikator-Akzeleratormodells von Samuelson überein, das sich als Spezialfall eines Sektorenmodells mit der Multiplikator- und Akzelerationshypothese interpretieren läßt. Vgl. P. A. *Samuelson*, Interactions, S. 267.

gesetztes Einsetzen das System (1.4) von Periode 0 bis zu einer beliebigen Periode t entwickeln und ermittelten als Matrixlösung das System (1.5 a). Wollten wir das gleiche Verfahren auf System (2.4) anwenden, erhielten wir an Stelle der geometrischen Reihe von Matrizen in (1.5 a) einen komplizierten Ausdruck, der sich nicht in Analogie zu (1.6 a) aufaddieren ließe.

2. Um das Verfahren dennoch anwenden zu können, haben wir (2.4) in ein System von Differenzengleichungen erster Ordnung umzuwandeln.

Zu diesem Zweck definieren wir einen Vektor $\mathfrak{z}(t)$:

(2.7) $$\mathfrak{z}(t) = \mathfrak{y}(t-1) \quad \text{bzw.} \quad \mathfrak{z}(t-1) = \mathfrak{y}(t-2).$$

Aus (2.4) und (2.7) erhalten wir das folgende System, das zwei Gleichungen enthält, die beide wieder ein System von n Gleichungen repräsentieren:

(2.8) $$\begin{aligned} \mathfrak{y}(t) &= (\mathfrak{E}-\mathfrak{A})^{-1}\,\mathfrak{B}\,\mathfrak{y}(t-1) - (\mathfrak{E}-\mathfrak{A})^{-1}\,\mathfrak{B}\,\mathfrak{z}(t-1) + (\mathfrak{E}-\mathfrak{A})^{-1}\mathfrak{c}; \\ \mathfrak{z}(t) &= \mathfrak{E}\,\mathfrak{y}(t-1). \end{aligned}$$

Beide Gleichungen fassen wir in Matrizen bzw. Vektoren zusammen und erhalten

(2.9) $$\mathfrak{x}(t) = \mathfrak{G}\,\mathfrak{x}(t-1) + \mathfrak{h},$$

dessen Vektoren und Matrix wie folgt definiert sind:

$$\mathfrak{x}(t) = \begin{bmatrix} \mathfrak{y}(t) \\ \mathfrak{z}(t) \end{bmatrix}, \qquad \mathfrak{h} = \begin{bmatrix} (\mathfrak{E}-\mathfrak{A})^{-1}\mathfrak{c} \\ O \end{bmatrix},$$

$$\mathfrak{G} = \begin{bmatrix} (\mathfrak{E}-\mathfrak{A})^{-1}\,\mathfrak{B} & -(\mathfrak{E}-\mathfrak{A})^{-1}\,\mathfrak{B} \\ \mathfrak{E} & O \end{bmatrix}.$$

Damit haben wir das aus n Differenzengleichungen zweiter Ordnung bestehende System (2.4) in ein System von 2n Differenzengleichungen erster Ordnung umgewandelt. Beide Systeme sind völlig gleichbedeutend.

In ökonomischer Interpretation hat diese Rechenoperation große Ähnlichkeit mit der früher erwähnten Einführung von Hilfssektoren, wie sie Chipman vorgeschlagen hat[3]. Während bei Chipman Hilfssektoren die Aufgabe haben, unterschiedlich lange Transaktionsperioden der Sektoren anzugleichen, dienen sie hier dazu, einen zweiperiodigen Transaktions-lag zu berücksichtigen. Die „Einnahmen" der Hilfssektoren werden durch $\mathfrak{z}(t)$ repräsentiert.

3. Die Lösung des Systems (2.9) können wir in Analogie zu (1.6 a) sofort anschreiben:

(2.10) $$\mathfrak{x}(t) = \mathfrak{G}^t\mathfrak{x}_0 + (\mathfrak{E}'-\mathfrak{G}^t)\,(\mathfrak{E}'-\mathfrak{G})^{-1}\,\mathfrak{h}.$$

---

[3] Vgl. S. 33 dieser Arbeit.

Hier bezeichnen $\mathfrak{x}_0$ die Eingangsbedingungen in Periode t = 0 und $\mathfrak{E}'$ die 2n-reihige Einheitsmatrix. Es muß vorausgesetzt werden, daß $|\mathfrak{E}' - \mathfrak{G}| \neq 0$.

Der zeitunabhängige Teil dieser Lösung, der mit der statischen Lösung (2.6) identisch ist, lautet

$$\bar{\mathfrak{x}} = (\mathfrak{E}' - \mathfrak{G})^{-1}\, \mathfrak{h}. \tag{2.11}$$

Der zeitabhängige Teil von (2.10) ist die gesuchte dynamische Lösung $\dot{\mathfrak{x}}(t)$ des Systems (2.4) bzw. (2.9). Sie lautet analog zu (1.10 a):

$$\dot{\mathfrak{x}}(t) = \mathfrak{G}^t \mathfrak{x}_0 - \mathfrak{G}^t\, (\mathfrak{E}' - \mathfrak{G})^{-1}\, \mathfrak{h}. \tag{2.12}$$

Es ist zu beachten, daß in (2.11) und (2.12) jeweils nur die erste Hälfte der 2n Elemente der Vektoren $\bar{\mathfrak{x}}$ und $\dot{\mathfrak{x}}(t)$ interessiert; denn nur diese Elemente bilden die Vektoren der Sektoreneinnahmen $\bar{\mathfrak{y}}$ und $\dot{\mathfrak{y}}(t)$.

4. Aus (2.12) ist ersichtlich, daß die Matrix $\mathfrak{G}$ die zeitliche Entwicklung bestimmt. Alle Elemente dieser Matrix haben auf die Vektoren $\bar{\mathfrak{y}}$ und $\dot{\mathfrak{y}}(t)$ Einfluß. Das System ist stabil, wenn $\mathfrak{G}^t$ im Zeitablauf gegen die Nullmatrix konvergiert: $\lim_{t \to \infty} \mathfrak{G}^t = 0$. Wegen der komplizierten Struktur von $\mathfrak{G}$ ist jedoch ohne erheblichen Rechenaufwand nicht feststellbar, unter welchen Bedingungen diese Forderung erfüllt ist.

2. Skalarlösung

Die Skalarlösung für einen beliebigen Sektor setzt sich wieder aus der statischen und der dynamischen Skarlarlösung des Systems (2.4) zusammen.

a) Statische Skalarlösung

Da in Matrizenschreibweise die statischen Lösungen der Systeme 1 und 2 gleich lauten, gilt dies auch für die skalaren Lösungen. Analog zu (1.13) ist die Lösung des Systems 2:

$$\bar{Y}_i = \frac{D'_i}{D'} \qquad (i = 1, 2, \ldots, n). \tag{2.13}$$

Hier bedeutet D′ die Determinante $|\mathfrak{E} - \mathfrak{A}|$ des Systems 2 und D'_i die Determinante, die sich ergibt, wenn man $\mathfrak{c}$ als Spalte i in D′ einsetzt.

b) Dynamische Skalarlösung

1. Das homogene System zu (2.4) lautet

$$\dot{\mathfrak{y}}(t) - (\mathfrak{E} - \mathfrak{A})^{-1}\, \mathfrak{B}\, \dot{\mathfrak{y}}(t-1) + (\mathfrak{E} - \mathfrak{A})^{-1}\, \mathfrak{B}\, \dot{\mathfrak{y}}(t-2) = 0. \tag{2.14}$$

Definieren wir einen Operator γ so, daß

$$\dot{\mathfrak{y}}(t) = \gamma\, \dot{\mathfrak{y}}(t-1) = \gamma^2\, \dot{\mathfrak{y}}(t-2) \tag{2.15}$$

und setzen diese Definition in (2.14) ein, dann ergibt sich

$$\left\{ \mathfrak{E}\,\gamma^2 - (\mathfrak{E}-\mathfrak{A})^{-1}\,\mathfrak{B}\gamma + (\mathfrak{E}-\mathfrak{A})^{-1}\,\mathfrak{B} \right\} \dot{\mathfrak{y}}(t-2) = 0. \tag{2.16}$$

Eine Lösung dieses Systems ist wieder sofort ersichtlich:

$$\dot{\mathfrak{y}}(t) = \dot{\mathfrak{y}}(t-1) = \dot{\mathfrak{y}}(t-2) = 0. \tag{2.17}$$

Sie kann nur dann gültig sein, wenn das System stationär ist, d. h. die Einnahmen jedes einzelnen Sektors sich im Zeitablauf nicht ändern. Wir nehmen an, daß dies nicht zutrifft.

Unter dieser Voraussetzung muß gelten

$$\left| \mathfrak{E}\,\gamma^2 - (\mathfrak{E}-\mathfrak{A})^{-1}\,\mathfrak{B}\,\gamma + (\mathfrak{E}-\mathfrak{A})^{-1}\,\mathfrak{B} \right| = 0. \tag{2.18}$$

Dies ist die charakteristische Gleichung zu (2.4). Die linke Seite stellt ein Polynom 2n-ten Grades mit der Unbekannten γ dar. Es gibt dementsprechend 2n Lösungen für γ, die wir als Wurzeln γ_k (k = 1,2, . . ., 2n) des Systems 2 bezeichnen[4]. Jede dieser Wurzeln in der Potenz t ist eine spezielle Lösung des Systems (2.14) für Periode t. Somit ist auch die Summe der Potenzen eine Lösung. Wir multiplizieren in dieser Summe wieder jede Wurzelpotenz mit einer Konstanten, l_{ik} (i = 1,2, . . ., n). Die Konstanten bleiben zunächst unbestimmt. Sie dienen in der allgemeinen Skalarlösung dazu, die ökonomischen Eingangsbedingungen des Modells zu berücksichtigen.

Die dynamische Skalarlösung lautet also:

$$\dot{Y}_i(t) = \sum_{k=1}^{2n} l_{ik}\,\gamma_k^t \qquad (i = 1,2, \ldots, n). \tag{2.19}$$

2. Bis hierher erfolgte die Ableitung der skalaren Lösung des homogenen Systems (2.14) in Analogie zu der des Systems (1.14). Da es sich bei System 1 um n Differenzengleichungen erster Ordnung handelte, erhielten wir in (1.18) ein Polynom n-ten Grades. System 2 besteht demgegenüber aus n Differenzengleichungen zweiter Ordnung. In (2.18) findet sich daher ein Polynom 2n-ten Grades.

Wir wollen nun zeigen, daß man (2.18) auf eine Gleichung reduzieren kann, in der ebenfalls nur ein Polynom n-ten Grades vorkommt. Die Unbekannte dieser Gleichung ist eine Hilfsgröße, die in einem bestimmten Zusammenhang mit den gesuchten Wurzeln γ_k steht[5].

Nur mit Hilfe dieser Vereinfachung wird es möglich sein, eine spezielle Eigenschaft des Modells abzuleiten und das empirische Beispiel zur Anwendung der Theorie im III. Teil zu diskutieren.

---

[4] Die γ_k sind die Eigenwerte der Matrix $\mathfrak{G}$.

[5] Die folgende Ableitung verdanken wir der Hilfe von Herrn Dipl.-Volkswirt H. *Todt*, Frankfurt a. M.

Zu diesem Zweck definieren wir eine Matrix $\mathfrak{L}$

(2.20) $$\mathfrak{L} = \mathfrak{E}\,\gamma^2 - (\mathfrak{E}-\mathfrak{A})^{-1}\,\mathfrak{B}\gamma + (\mathfrak{E}-\mathfrak{A})^{-1}\,\mathfrak{B},$$

deren Determinante nach der Vorschrift (2.18) gleich Null ist. $\mathfrak{L}$ können wir umformen zu

(2.21) $$\mathfrak{L} = \mathfrak{E}\,\gamma^2 - (\mathfrak{E}-\mathfrak{A})^{-1}\,\mathfrak{B}\,(\gamma-1)$$

oder

(2.22) $$-(\mathfrak{E}-\mathfrak{A})\,\mathfrak{L} = \mathfrak{B}\,(\gamma-1) - (\mathfrak{E}-\mathfrak{A})\,\gamma^2.$$

Wir wollen nun beide Seiten von (2.22) durch $\gamma-1$ teilen. Dabei muß vorausgesetzt werden, daß $\gamma-1 \neq 0$ bzw. $\gamma \neq 1$. Es zeigt sich, daß diese Voraussetzung bereits aus unserer früheren Annahme $|\mathfrak{E} - \mathfrak{A}| \neq 0$ hervorgeht[6]. Denn wäre $\gamma = 1$, so könnten wir (2.22) unter Berücksichtigung von (2.18) schreiben als

(2.23) $$|-(\mathfrak{E}-\mathfrak{A})\,\mathfrak{L}| = |-(\mathfrak{E}-\mathfrak{A})| = |\mathfrak{E}-\mathfrak{A}| = 0.$$

Dies widerspricht unserer Annahme. Folglich gilt $\gamma \neq 1$ und (2.22) kann umgeformt werden zu

(2.24) $$-\frac{1}{1-\gamma}\,(\mathfrak{E}-\mathfrak{A})\,\mathfrak{L} = \mathfrak{B} - (\mathfrak{E}-\mathfrak{A})\,\frac{\gamma^2}{\gamma-1}\,.$$

Da nach (2.18) $|\mathfrak{L}| = 0$, gilt nach (2.24)

(2.25) $$\left|-\frac{1}{1-\gamma}\,(\mathfrak{E}-\mathfrak{A})\,\mathfrak{L}\right| = \left|\mathfrak{B} - (\mathfrak{E}-\mathfrak{A})\,\frac{\gamma^2}{\gamma-1}\right| = 0.$$

Wir definieren nun die Hilfsgröße u,

(2.26) $$u = \frac{\gamma^2}{\gamma-1}$$

und erhalten

(2.27) $$|\mathfrak{B} - (\mathfrak{E}-\mathfrak{A})\,u| = 0.$$

Die linke Seite dieser Gleichung ist ein Polynom n-ten Grades mit der Unbekannten u, deren n Wurzeln wir mit u_m ($m = 1,2,\ldots, n$) bezeichnen. An Stelle der 2n Wurzeln γ_k ($k = 1,2, \ldots, 2n$) können wir jeweils zunächst die Wurzeln u_m ($m = 1,2, \ldots, n$) der viel einfacher zu lösenden Gleichung (2.27) diskutieren. Aus den Eigenschaften der u_m können wir dann mittels der Vorschrift (2.26) sofort auf die Eigenschaften der γ_k schließen. Jeder Wurzel u_m entsprechen zwei Wurzeln γ_k.

c) Allgemeine Skalarlösung

Die allgemeine Skalarlösung für einen Sektor i setzt sich aus der statischen und der dynamischen Skalarlösung zusammen:

(2.28) $$Y_i\,(t) = \frac{D'_i}{D'} + \sum_{k=1}^{2n} l_{ik}\,\gamma_k^t \qquad (i = 1,2,\ldots, n).$$

---

[6] Vgl. S. 65.

d) Bestimmung der Konstanten l_{ik} aus den Eingangsbedingungen

Die Bestimmung der Konstanten l_{ik} kann wieder mit Hilfe der früher dargestellten Methode erfolgen[7]. Da für System 2 die Zahl der Wurzeln γ_k gleich 2n ist, gibt es für jeden Sektor i (i = 1,2, ..., n) 2n Konstanten. Das (1.21) entsprechende System umfaßt jetzt 2n Gleichungen. Dementsprechend ist auch die laut (1.23) zu invertierende Vandermonde-Matrix 2n-reihig.

Zur Berechnung der für einen Sektor i geltenden Konstanten müßten wieder die Wurzeln γ_k, die statische Skalarlösung und die Entwicklung der Einnahmen des Sektors von den Eingangsbedingungen der Perioden t = 0 und t = 1 bis zur Periode t = 2n — 1 bekannt sein. Die Ermittlung der Konstanten ist daher praktisch undurchführbar.

e) Ergebnisse

Die für das System 1 formulierten Ergebnisse gelten für System 2 entsprechend[8]:

1. Auf Grund der für alle Sektoren geltenden Wurzeln γ_k muß der Typus der zeitlichen Entwicklung der Einnahmen aller Sektoren gleich sein.

2. Abweichende Entwicklungen der Einnahmen der einzelnen Sektoren können durch unterschiedliche Konstanten l_{ik} entstehen.

3. Die Beträge der (reellen und komplexen) Wurzeln bzw. die Lage der Wurzeln innerhalb oder außerhalb des Einheitskreises der komplexen Zahlenebene sowie die Vorzeichen reeller Wurzeln entscheiden wieder über Stabilität, Wachstum und/oder Schwingungen der Sektoreinnahmen im Zeitablauf.

4. Konstanten l_{ik} von Null können die zeitliche Entwicklung der Variablen modifizieren.

3. Eine spezielle Eigenschaft des Modells

1. Die Diskussion spezieller Eigenschaften des Systems 1 ergab, daß unter bestimmten Bedingungen die Gestalt der Matrix $\mathfrak{A}$ über Stabilität, Wachstum und/oder Schwingungen der Variablen im Zeitablauf Auskunft geben kann. An die Stelle der n-reihigen Matrix $\mathfrak{A}$ tritt in System 2 die 2n-reihige Matrix $\mathfrak{G}$. Dies ging aus der Reduzierung des Modells auf 2n Differenzengleichungen erster Ordnung hervor[9].

---

[7] Vgl. S. 58 f.
[8] Vgl. S. 59 ff.
[9] Vgl. S. 66.

Die für die Gestalt von $\mathfrak{A}$ aufgestellten Stabilitäts- und Schwingungskriterien könnten dementsprechend auf $\mathfrak{G}$ übertragen werden. Eine Überprüfung der Matrix $\mathfrak{G}$,

$$\mathfrak{G} = \begin{bmatrix} (\mathfrak{E}-\mathfrak{A})^{-1}\,\mathfrak{B} & -(\mathfrak{E}-\mathfrak{A})^{-1}\,\mathfrak{B} \\ \mathfrak{E} & O \end{bmatrix},$$

führt jedoch nicht zu sehr aufschlußreichen Aussagen:

a) Die Vorzeichen der linken oberen Matrix in $\mathfrak{G}$ sind den Vorzeichen der rechten oberen Matrix entgegengesetzt. $\mathfrak{G}$ enthält demnach negative Elemente. Eine der hinreichenden Stabilitätsvoraussetzungen ist also nicht erfüllt[10]. Die Gestalt von $\mathfrak{G}$ gibt in der obigen Schreibweise keinen Anhaltspunkt über die Stabilität des Modells.

b) Die Voraussetzung gleicher Spaltensummen des Chipmanschen Beispiels [11] trifft für $\mathfrak{G}$ nur dann zu, wenn erstens die Spaltensummen der linken und der rechten oberen Matrix in $\mathfrak{G}$ dem absoluten Betrage nach gleich sind und zweitens die Spaltensummen der rechten oberen Matrix gerade um eins größer sind als diejenigen der linken oberen Matrix. Die zuletzt genannte Forderung ist dadurch zu erklären, daß die Spaltensummen der linken unteren Matrix in $\mathfrak{G}$ gleich eins und die der rechten unteren Matrix gleich Null sind.

Bezeichnen wir die annahmegemäß gleichen Spaltensummen der linken oberen Matrix mit $s^{(1)}$ und jene der rechten oberen Matrix mit $s^{(2)}$, so muß dementsprechend gelten

$$s^{(1)} = -s^{(2)}$$

und

$$s^{(1)} - 1 = s^{(2)},$$

woraus folgt:

$$s^{(1)} = {}^1/_2 \text{ und } s^{(2)} = -{}^1/_2.$$

Nur unter diesen sehr speziellen Voraussetzungen sind die Spaltensummen der Matrix $\mathfrak{G}$ einander gleich. Es ist daher nicht zu erwarten, daß in der Lösung (2.28) die Konstanten l_{ik} für alle Wurzeln bis auf eine gleich Null sind und diese eine Wurzel alle anderen vollständig dominiert.

2. Eine wichtige Eigenschaft des Modells ist jedoch aus der Gleichung

(2.26) $$u = \frac{\gamma^2}{\gamma - 1}$$

zu erkennen.

Jeder Wurzel u_m ($m = 1,2, \ldots, n$) sind nach (2.26) zwei Wurzeln γ_k ($k = 1,2, \ldots, 2n$) zugeordnet. Wir bezeichnen ein beliebiges u_m mit u' und die diesem zugehörigen γ_k mit $\gamma'^{(1)}$ und $\gamma'^{(2)}$.

---

[10] Vgl. Voraussetzung a) auf S. 61.

[11] Vgl. S. 63.

Sowohl u' als auch $\gamma'^{(1)}$ und $\gamma'^{(2)}$ können reell oder komplex sein. Aus (2.26) geht hervor, daß $\gamma'^{(1)}$ und $\gamma'^{(2)}$ dann komplex sind, wenn u' komplex ist; denn der Bruch zweier komplexer Zahlen ist selbst komplex.

Es gibt jedoch reelle Werte u', denen komplexe Werte $\gamma'^{(1)}$, $\gamma'^{(2)}$ zugeordnet sind. Tragen wir auf der Ordinate eines Diagramms reelle Werte der als unabhängig variabel aufgefaßten Größe u' ab und ermitteln die zugeordneten reellen γ'-Werte, so erhalten wir die beiden Kurvenstücke in Figur 2 als reelle Bereiche der Funktion (2.26).

Figur 2 liefert folgende Aussagen:

a) Liegt u' im Bereich $0 \leqq u' \leqq 4$, so sind $\gamma'^{(1)}$, $\gamma'^{(2)}$ komplex.

b) Für $u' > 4$ gilt: $2 > \gamma'^{(1)} > 1$ und $\gamma'^{(2)} > 2$. Die Differenz zwischen $\gamma'^{(1)}$ und $\gamma'^{(2)}$ nimmt mit wachsendem u' zu.

c) Für $u' < 0$ gilt: $0 < \gamma'^{(1)} < 1$ und $\gamma'^{(2)} < 0$. Die Differenz zwischen $\gamma'^{(1)}$ und $\gamma'^{(2)}$ wächst mit abnehmendem u'.

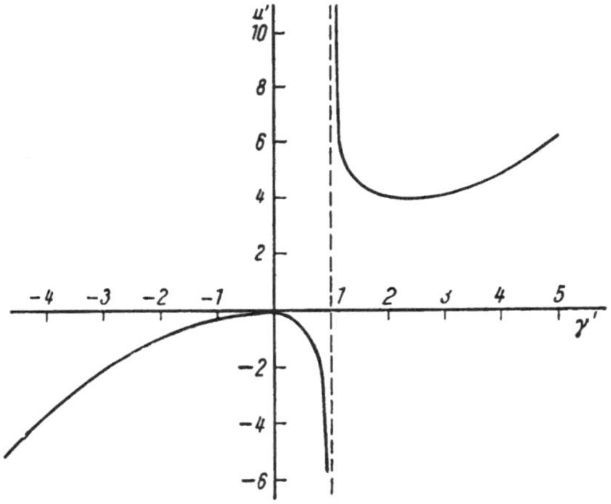

Figur 2

3. Dieses Diskussionsergebnis, das unabhängig von der Gestalt der Matrizen $\mathfrak{A}$, $\mathfrak{B}$ oder $\mathfrak{G}$ ermittelt wurde, soll nun ökonomisch interpretiert werden.

Über die zeitliche Entwicklung der Einnahmen entscheidet nach (2.28) die Größe der Wurzeln γ_k. Wir betrachten im folgenden nur reelle Wurzeln γ_k. Es ergibt sich eine um so stärkere Tendenz zu kurzfristigen Oszillationen, je mehr eine negative reelle Wurzel den Wert Null unterschreitet, und eine um so stärkere Wachstumstendenz, je mehr eine positive reelle Wurzel den Wert eins übersteigt. Falls für System 2 überhaupt reelle Wurzeln auftreten, so zeigt das Modell also entweder Tendenz zu kurzfristigen Oszillationen (für negative, reelle u') und/oder eine ökonomisch unrealistisch starke Wachstumstendenz (für reelle $u' > 4$). Es kann kein Fall auftreten, in dem alle reellen Wurzeln γ_k zwischen Null und zwei liegen.

4. Wir haben hierbei jedoch die Rolle der Konstanten l_{ik} in der Lösung (2.28) noch nicht erwähnt. Es ist durchaus möglich, daß der Einfluß von Wurzeln γ_k, welche Tendenzen zu kurzfristigen Oszillationen oder abnorm hohe Wachstumstendenzen hervorrufen, wegen Konstanten von Null vollständig ausgeschaltet und/oder wegen Konstanten von nahezu Null für eine größere Anzahl von Perioden nicht wirksam wird[12].

4. Abschnitt

Allgemeine Diskussionsmethoden

1. Die bisherige Diskussion spezieller Eigenschaften der Modelle hatte zum Ziel, mit möglichst wenigen und schwachen Bedingungen für die Gestalt der Matrizen zu Aussagen über Stabilität, Schwingungen und/oder Wachstum der Variablen zu gelangen.

Diese Bedingungen werden nun so weit verstärkt, daß vorausgesetzt wird, die Gestalt der Matrizen sei vollständig bekannt: Es wird angenommen, daß für die Koeffizienten der Ausgabenfunktionen Zahlenwerte vorliegen. Unter dieser Voraussetzung ist es möglich, die zeitliche Entwicklung der Variablen eines relativ umfangreichen, aus Differenzengleichungen bestehenden Modells sehr eingehend zu diskutieren.

Grundlage der Diskussion ist die charakteristische Gleichung, oder genauer: das Polynom, welches auf der linken Seite dieser Gleichung steht. Handelt es sich um ein System von Differenzengleichungen, dessen charakteristische Gleichung zunächst nur in Determinantenschreibweise bekannt ist, so ist nach den Regeln der Determinantenrechnung das entsprechende Polynom zu bilden und gleich Null zu setzen.

Die Diskussion erstreckt sich allerdings nicht auf die Konstanten (g_{ij} bzw. l_{ik}) in den Lösungen. Es wird vorausgesetzt, daß diese von Null verschieden sind. In einem empirischen Modell wäre es Zufall,

---

[12] Trotz der auf Seite 71 ausgesprochenen Vermutung, daß für System 2 nicht alle Konstanten l_{ik} bis auf eine gleich Null sind, können selbstverständlich einige der l_{ik} gleich oder fast Null sein.

wenn Konstanten von Null auftreten würden. Eine noch so kleine Abänderung der dem Modell zugrundeliegenden Zahlen, etwa die Berücksichtigung einer zusätzlichen Kommastelle, würde diesen Zufall aufheben. Demgegenüber ist es möglich, daß die eine oder andere der als Diskussionsergebnis abgeleiteten Entwicklungstendenzen sich erst nach einer größeren Anzahl von Perioden bemerkbar macht. Dieser Fall tritt dann ein, wenn die Konstanten bei den betreffenden Wurzeln nahezu Null sind.

2. Von den im folgenden darzustellenden drei Diskussionsmethoden sind in der nationalökonomischen Literatur bisher nur die beiden ersten bekannt. Wir schildern diese Methoden nur kurz und ohne Beweise. Das dritte Verfahren wird — abgewandelt — aus der Mechanik übernommen.

Die erste Diskussionsmethode dient der Prüfung der Stabilität. Die beiden anderen Methoden geben, kombiniert angewendet, nicht nur Aufschluß über die Stabilität, sondern auch über kurz- oder längerfristige, konvergente oder explosive Schwingungen sowie über Wachstumstendenzen der Variablen im Zeitablauf.

In diesem Abschnitt werden die Verfahren nur erläutert. Ihre praktische Anwendung wird im III. Teil gezeigt.

1. Diskussion der Stabilität nach Schur[1/2]

Die charakteristische Gleichung einer Differenzengleichung von der Ordnung r oder eines Systems von n Differenzengleichungen von der Ordnung r/n werde dargestellt durch

(a) $$s_0\eta^r + s_1\eta^{r-1} + s_2\eta^{r-2} + \ldots + s_r = 0 \quad (\text{mit } s_0 > 0).$$

---

[1] Wir verwenden hier nicht die Darstellung der Schur-Kriterien, die bei *Chipman*, Theory, S. 120 f., zu finden ist, sondern wählen eine u. E. einfachere Formulierung, für die wir Herrn Professor Dr. E. *Burger*, Frankfurt a. M., zu Dank verpflichtet sind. Vgl. auch J. *Schur*, Über Potenzreihen, die im Innern des Einheitskreises beschränkt sind, Journal für die reine und angewandte Mathematik, Bd. 147, 1917, S. 205 ff.

[2] Von *Chipman*, Theory, S. 119 f., wird die historische Entwicklung der Stabilitätskriterien wie folgt geschildert: Für Differentialgleichungen wurden Stabilitätskriterien zuerst von *Routh* und später unabhängig, in leichterer Formulierung, von *Hurwitz* (1895) abgeleitet. 1929 formulierten *Frazer* und *Duncan* die Routh-Bedingungen auf die Hurwitz-Bedingungen um. — Für Differenzengleichungen wurden ähnliche Bedingungen zuerst von *Schur* (1917) und *Cohn* (1922) entwickelt. *Herglotz* (1924) zeigte, daß die Cohn-Bedingungen denen von Hurwitz äquivalent, d. h. mit Hilfe einer komplexen Transformation ineinander überführbar sind. Eine solche Transformation verwendete auch *Samuelson* (1941) zur Ableitung der Stabilitätskriterien für Differenzengleichungen aus den Routh-Hurwitz-Bedingungen.

Hierbei sind η_p (p = 1,2, ..., r) die Wurzeln und $s_0, s_1, \ldots, s_r$ die Koeffizienten der charakteristischen Gleichung.

Aus den Koeffizienten sind nun die folgenden quadratischen r-1-reihigen Matrizen, $\mathfrak{M}_1$ und $\mathfrak{M}_2$, zu bilden:

$$\text{(b)} \qquad \mathfrak{M}_1 = \begin{bmatrix} s_0 & s_1 & s_2 & \ldots & s_{r-2} \\ 0 & s_0 & s_1 & \ldots & s_{r-3} \\ 0 & 0 & s_0 & \ldots & s_{r-4} \\ \cdot & \cdot & \cdot & & \cdot \\ \cdot & \cdot & \cdot & & \cdot \\ \cdot & \cdot & \cdot & & \cdot \\ 0 & 0 & 0 & \ldots & s_0 \end{bmatrix}, \quad \mathfrak{M}_2 = \begin{bmatrix} 0 & 0 & 0 & \ldots\ldots\ldots & & s_r \\ 0 & 0 & 0 & \ldots\ldots & s_r & s_{r-1} \\ 0 & 0 & 0 & \ldots\ldots s_r & s_{r-1} & s_{r-2} \\ \cdot & \cdot & \cdot & \cdot & \cdot & \cdot \\ \cdot & \cdot & \cdot & \cdot & \cdot & \cdot \\ \cdot & \cdot & \cdot & \cdot & \cdot & \cdot \\ s_r & s_{r-1} & s_{r-2} & \ldots s_4 & s_3 & s_2 \end{bmatrix}$$

Die Nordwest-Hauptuntermatrizen[3] von $\mathfrak{M}_1$ seien $\mathfrak{H}_1, \mathfrak{H}_2, \ldots, \mathfrak{H}_{r-1}$; die Nordost-Hauptuntermatrizen[3] von $\mathfrak{M}_2$ seien $\mathfrak{K}_1, \mathfrak{K}_2, \ldots, \mathfrak{K}_{r-1}$. Nach Schur sind notwendige und hinreichende Stabilitätsbedingungen die folgenden:

$$\text{(c)} \qquad \begin{array}{l} 1)\ s_0 + s_1 + s_2 + \ldots + s_r > 0; \\ 2)\ s_0 - s_1 + s_2 \pm \ldots \pm s_r > 0; \\ \left.\begin{array}{l} 3)\ |\mathfrak{H}_v + \mathfrak{K}_v| > 0 \\ 4)\ |\mathfrak{H}_v - \mathfrak{K}_v| > 0 \end{array}\right\} (v = 1,2,\ldots, r-1). \end{array}$$

Für den Fall, daß 1) und/oder 2) nicht erfüllt sind, ist der Beweis der Instabilität bereits erbracht und die Prüfung von 3) und 4) erübrigt sich.

Die Kriterien 1) und 2) sind relativ einfach nachprüfbar. Ist jedoch die Kontrolle der Kriterien 3) und 4) erforderlich, so sind die Determinanten von 2 (r—1) Hauptuntermatrizen zu ermitteln. Dieser Rechenaufwand macht die Schur-Bedingungen, wenigstens für charakteristische Gleichungen höheren Grades, unhandlich. Für Sektorenmodelle muß aus diesem Grund die Prüfung der Stabilität nach den Kriterien von Schur im allgemeinen abgebrochen werden, wenn der Nachweis der Instabilität nicht schon mit 1) oder 2) gelingt.

2. Bestimmung der Zahl und Abschätzen der Größe reeller Wurzeln

1. Wie früher erwähnt wurde, erzeugen negative reelle Wurzeln kurzfristige Schwingungen. Positive reelle Wurzeln, die größer als eins sind, bedeuten, daß eine Tendenz zu exponentiellem Wachstum vorliegt[4]. Über solche Eigenschaften der Variablen eines Modells soll

[3] Die Untermatrix des Elements einer Matrix entsteht durch Streichen der Zeile und Spalte, in der das Element steht. Die Nordwest-(Nordost-) Hauptuntermatrizen sind die Untermatrizen der Elemente auf der Nordwest-(Nordost-)Diagonalen.

[4] Vgl. S. 60 und 70.

das zweite der hier behandelten Verfahren Auskunft geben, dessen Ziel es ist, die Zahl der reellen Wurzeln einer charakteristischen Gleichung zu bestimmen und ihre Größe abzuschätzen.

In der praktischen Analysis ist zur Ermittlung der Zahl und Größe reeller Wurzeln einer Gleichung ein ganzer Katalog von Methoden bekannt[5]. Wir gehen auf diese Methoden nicht ein, sondern schildern nur ein besonders einfaches zeichnerisches Verfahren, welches zur Diskussion des Modells im III. Teil ausreicht.

2. Zur Interpretation verwenden wir das folgende Polynom fünften Grades:

(d) $$f(\eta) = s_0\eta^5 + s_1\eta^4 + s_2\eta^3 + s_3\eta^2 + s_4\eta + s_5.$$

Sind die Koeffizienten $s_0, s_1, \ldots, s_5$ bekannt, so kann man auf der Abszisse eines Diagramms willkürlich angenommene Argumentwerte von η und auf der Ordinate die leicht zu errechnenden, zugehörigen Funktionswerte $f(\eta)$ abtragen. Durch die Verbindung einer genügend großen Zahl so gewonnener Punkte erhält man eine Kurve, die das Polynom repräsentiert. Reelle Wurzeln liegen an Stellen, wo die Bedingung $f(\eta) = 0$ gilt. Diese Stellen werden durch die Schnittpunkte der Kurve mit der Abszisse angegeben[6].

3. Es besteht jedoch die Gefahr, daß durch die Berechnung einer zu geringen Zahl von Punkten der Kurve oder durch ungenaues Zeichnen ein oder mehrere Schnittpunkte nicht erkannt werden. Wir zerlegen (d) daher in zwei Teile[7]. Der erste Teil enthält die ersten drei Ausdrücke; wir bezeichnen ihn mit $F(\eta)$:

(e) $$F(\eta) = s_0\eta^5 + s_1\eta^4 + s_2\eta^3.$$

Der zweite Teil besteht aus den restlichen drei Ausdrücken mit abgeänderten Vorzeichen; er wird mit $K(\eta)$ bezeichnet:

(f) $$K(\eta) = -s_3\eta^2 - s_4\eta - s_5.$$

Diese beiden Funktionen zeichnen wir wieder in einem Koordinatensystem auf, dessen Abszisse die η-Werte und dessen Ordinate die $F(\eta)$- bzw. $K(\eta)$-Werte mißt. Da sich (e) und (f) wegen $f(\eta) = 0$ zu Null addieren müssen, sind die Abszissenwerte der Schnittpunkte beider Funktionen die gesuchten reellen Lösungen von (d).

Schematisch wird dieser Sachverhalt in Figur 3 mit zwei willkürlich angenommenen Funktionen (e) und (f) verdeutlicht.

---

[5] Vgl. dazu z. B. F. A. *Willers,* Methoden der praktischen Analysis, 3. Aufl., Berlin 1957, S. 289 ff.

[6] Vgl. dazu R. G. D. *Allen,* a.a.O., S. 111 f.

[7] Dieses Verfahren verdanken wir Herrn Dipl.-Volkswirt H. *Todt,* Frankfurt a. M.

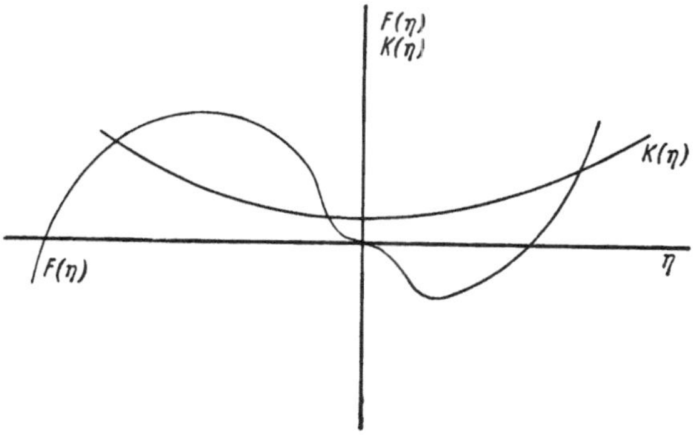

Figur 3

Der Vorteil der Zerlegung des Polynoms (d) in zwei Teile besteht darin, daß die Extrema und Wendepunkte von (e) und (f) ohne Schwierigkeiten exakt zu ermitteln sind und damit die Genauigkeit der Zeichnung stark verbessert werden kann. Es ist bei diesem Vorgehen praktisch ausgeschlossen, daß reelle Wurzeln nicht erkannt werden und „verlorengehen".

4. Da die Gesamtzahl der Wurzeln durch den Grad des zu diskutierenden Polynoms gegeben ist, kennen wir auch die Zahl der komplexen Wurzeln, wenn die Anzahl der reellen Wurzeln festgestellt wurde. Die Anwendung des geschilderten Verfahrens gibt daher bereits Auskunft über Schwingungen der Variablen des Modells auf Grund komplexer Wurzeln. Man kann jedoch noch nicht angeben, ob diese Schwingungen gedämpft oder explosiv verlaufen. Dies ist erst dann möglich, wenn zusätzlich die Zahl der Wurzeln innerhalb und außerhalb des Einheitskreises der komplexen Zahlenebene bekannt ist.

3. Bestimmung der Zahl der Wurzeln innerhalb und außerhalb des Einheitskreises nach Cremer-Leonhard

1. Das ursprüngliche Ziel der Untersuchungen von Cremer und Leonhard[8] war die Prüfung der Stabilität der Lösungen von Differentialgleichungen, wie sie in der Mechanik auftreten. Dieses sehr praktische Verfahren kann auf Differenzengleichungen umformuliert wer-

---

[8] Vgl. L. *Cremer,* Ein neues Verfahren zur Beurteilung der Stabilität linearer Regelungs-Systeme, Zeitschrift für angewandte Mathematik und Mechanik, Bd. 25/27, 1947, S. 161 ff. Auf S. 162, Fußn. 1, findet sich der Hinweis, daß das Verfahren etwa gleichzeitig und unabhängig von A. Leonhard entwickelt wurde.

den und gibt dann die Zahl der Wurzeln an, die innerhalb und außerhalb des Einheitskreises der komplexen Zahlenebene liegen[9].

2. Werden die Wurzeln η_p (p = 1, 2, ..., r) der charakteristischen Gleichung (a) in der komplexen Zahlenebene für η dargestellt, so liegen reelle Wurzeln auf der Abszisse (der reellen Achse) und komplexe Wurzeln irgendwo in einem der vier Quadranten. Der Abstand einer Wurzel vom Ursprung ist ihr Betrag. Ein Kreis mit dem Radius 1 um den Ursprung heißt Einheitskreis. Wurzeln, deren Betrag größer als eins ist, liegen außerhalb des Einheitskreises. Gibt es solche Wurzeln, so ist das System instabil[10]. Befinden sich alle Wurzeln innerhalb des Einheitskreises, so ist das System stabil.

Gesucht sei die Zahl der Wurzeln η_p, die außerhalb des Einheitskreises der komplexen Zahlenebene für η liegen. Wir bezeichnen diese Zahl mit q. Daraus ergibt sich die Zahl der Wurzeln im Einheitskreis als r-q (vgl. Fig. 4).

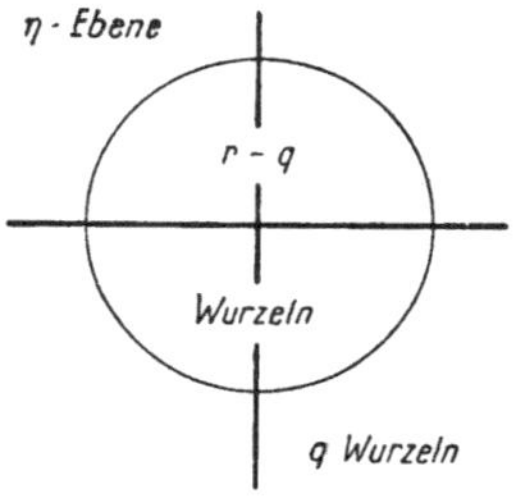

Figur 4

3. Zur Lösung des Problems setzen wir das Polynom auf der linken Seite von (a) gleich ξ:

$$f(\eta) = s_0\eta^r + s_1\eta^{r-1} + \cdots + s_r = \xi \qquad \text{(g)}$$

Diese Gleichung fassen wir als eine Vorschrift auf, die einer komplexen Zahl η eine komplexe Zahl ξ zuordnet.

Es handelt sich also um eine komplexe Funktion einer komplexen Veränderlichen. Eine solche Funktion ist — im Gegensatz zu reellen Funktionen von reellen Veränderlichen — nicht in einem zweidimen-

---

[9] Für den Hinweis auf das Verfahren von Cremer-Leonhard, seine Interpretation und die Umformulierung für Differenzengleichungen sind wir Herrn Professor Dr. E. *Burger* zu großem Dank verpflichtet. — Der Unterschied der Stabilitätsbedingungen für Differential- und Differenzengleichungen besteht darin, daß die Wurzeln von Differentialgleichungen in der linken Hälfte, die Wurzeln von Differenzengleichungen im Einheitskreis der komplexen Zahlenebene liegen müssen.

[10] Vgl. S. 60.

sionalen Diagramm darstellbar; denn schon die Wiedergabe einer einzigen komplexen Zahl erfordert eine ganze Ebene. Wir können (g) jedoch in zwei Diagrammen aufzeichnen: Im ersten Diagramm, dem Urbild, tragen wir die willkürlich angenommenen Werte der unabhängig Variablen ab; im zweiten Diagramm, dem Bild, werden die nach der Funktionsvorschrift bestimmten Werte der abhängig Variablen aufgetragen. Auf diese Weise ist jedem Punkt in der Urbild-Ebene ein Punkt der Bild-Ebene zugeordnet.

So entspricht auch jedem Punkt des Einheitskreises in der η-Ebene (Urbild) auf Grund der Vorschrift (g) ein Bildpunkt in der ξ-Ebene. Die Gesamtheit dieser Punkte können wir zu einer Bildkurve des Einheitskreises verbinden.

Alle Lösungen der charakteristischen Gleichung werden wegen

$$f(\eta) = \xi = 0$$

ex definitione in den Ursprung der ξ-Ebene projiziert.

4. Wir bezeichnen den Winkel des Fahrstrahls vom Ursprung an einen beliebigen Bildpunkt ξ mit

(h) $$\text{arc}\,\xi = \text{arc}\,f(\eta).$$

Auf Grund des Fundamentalsatzes der Algebra läßt sich das Polynom (g) darstellen als Produkt

(i) $$f(\eta) = \prod_{p=1}^{r} (\eta - \eta_p).$$

Nach den Multiplikationsregeln für komplexe Zahlen[11] folgt aus (i):

(j) $$\text{arc}\,f(\eta) = \sum_{p=1}^{r} \text{arc}\,(\eta - \eta_p) = \text{arc}\,\xi.$$

Kennzeichnen wir die Änderung der Bogenlänge arc mit Δarc, so ergibt sich aus (j):

(k) $$\Delta\,\text{arc}\,f(\eta) = \sum_{p=1}^{r} \Delta\,\text{arc}\,(\eta - \eta_p) = \Delta\,\text{arc}\,\xi.$$

5. Lassen wir nun den Fahrstrahl von einer beliebigen Wurzel η_p aus entlang dem Einheitskreis laufen, so entspricht dies in der Bild-Ebene ξ einer Bewegung des Fahrstrahls vom Ursprung entlang der Bildkurve.

Es läßt sich leicht abschätzen, welche Winkeländerung ein einmaliges volles Durchlaufen des Einheitskreises in

$$\Delta\,\text{arc}\,\xi = \sum_{p=1}^{r} \Delta\,\text{arc}\,(\eta - \eta_p)$$

---

[11] Vgl. dazu R. G. D. *Allen*, a.a.O., S. 99.

ergibt: Der Fahrstrahl von einer Wurzel innerhalb des Einheitskreises an alle Punkte auf diesem Kreis liefert einen Beitrag von 360° oder 2π. Der entsprechende Fahrstrahl von einer Wurzel außerhalb des Einheitskreises leistet einen Beitrag von Null, da sich positive und negative Winkeländerungen gerade aufheben (vgl. η' und η'' in Fig. 5).

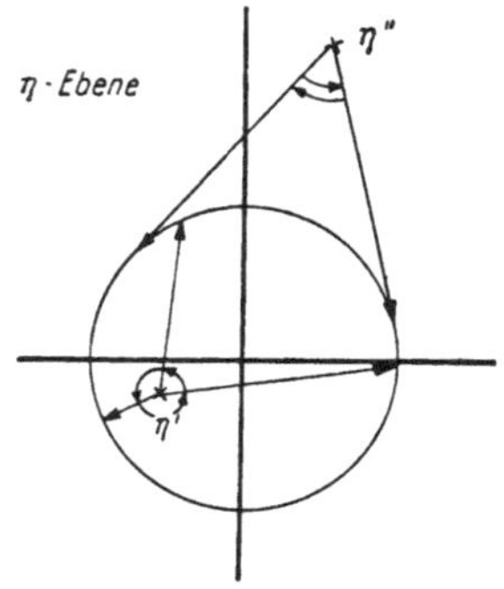

Figur 5

Wenn von den r Wurzeln q außerhalb des Einheitskreises liegen, gilt demnach

(1) $$\Delta \operatorname{arc} \xi = \sum_{p=1}^{r} \Delta \operatorname{arc} (\eta - \eta_p) = 2\pi (r - q).$$

Aus (1) geht hervor, daß die Unbekannte q sofort berechnet werden kann, wenn die Änderung des Winkels, $\Delta \operatorname{arc} \xi$, bekannt ist, den ein Fahrstrahl vom Ursprung an alle Punkte der Bildkurve beschreibt.

Die Bestimmung der Zahl der Wurzeln innerhalb und außerhalb des Einheitskreises erfordert also die Abbildung dieses Kreises mit Hilfe des Polynoms der charakteristischen Gleichung. Die Winkeländerung $\Delta \operatorname{arc} \xi$ läßt sich dann leicht ablesen.

6. Algebraisch erhält man die Bildkurve, indem die unabhängige Variable sukzessive verändert und der Parameter eliminiert wird. Oft genügt es jedoch, eine begrenzte Anzahl von Punkten der Kurve im Bild-Diagramm nach den Regeln des geometrischen Summierens und Multiplizierens komplexer Zahlen zu ermitteln[12]. Den Anfangs- und Endpunkten der Bildkurve kommt dabei zur Bestimmung des Rich-

[12] Zwei komplexe Zahlen werden nach den Regeln des Kräfteparallelogramms geometrisch summiert. — Zwei komplexe Zahlen, $\eta^{(1)}, \eta^{(2)}$, werden geometrisch multipliziert a) durch Addition der Winkel: $\operatorname{arc} \eta^{(1)} \cdot \eta^{(2)} = \operatorname{arc} \eta^{(1)} + \operatorname{arc} \eta^{(2)}$, b) durch Multiplikation der Beträge: $|\eta^{(1)} \cdot \eta^{(2)}| = |\eta^{(1)}| \cdot |\eta^{(2)}|$.

tungssinnes besondere Bedeutung zu[13]. Da es nur darum geht, die Winkelveränderung zu bestimmen, die der Fahrstrahl vom Ursprung des Bild-Diagramms an alle Punkte der Bildkurve beschreibt, ist eine exakte Zeichnung dieser Kurve nicht einmal erforderlich.

Damit haben wir alle Gedankengänge vorgetragen, die für die Anwendung der Diskussionsmethode von Cremer-Leonhard wichtig sind.

7. Im Anwendungsbeispiel des III. Teils werden wir von der Rechenvereinfachung Gebrauch machen, mit der wir früher das Polynom 2n-ten Grades in ein Polynom n-ten Grades überführten[14]. Dies bedeutet, daß wir die Anwendung des Verfahrens nach Cremer-Leonhard in zwei Schritte zerlegen: Wir bilden zunächst den Einheitskreis der komplexen Zahlenebene für die Wurzeln γ_k des Systems 2 mit der Vorschrift (2.26) in die u-Ebene ab. Die Kurve, die wir in der u-Ebene erhalten, übertragen wir dann mit dem Polynom in (2.27) in eine dritte Ebene und erhalten dort die gesuchte Bildkurve.

8. Wir fassen noch einmal die Aussagen zusammen, welche die im 2. und 3. Abschnitt geschilderten Diskussionsmethoden liefern:

a) Methode 2 gibt Auskunft über die Zahl und die Größe reeller Wurzeln, besonders auch über die Zahl der reellen Wurzeln innerhalb und außerhalb des Einheitskreises der komplexen Zahlenebene sowie über negative reelle Wurzeln.
b) Nach Methode 3 lassen sich aus der Gesamtzahl der Wurzeln diejenigen ermitteln, die innerhalb bzw. außerhalb des Einheitskreises liegen.

Bei der Anwendung beider Verfahren sind demnach bekannt:

a) die Zahl der exponentielles Wachstum erzeugenden, reellen Wurzeln (reelle Wurzeln, die größer als eins sind);
b) die Zahl der explosive Schwingungen hervorrufenden komplexen Wurzeln (komplexe Wurzeln außerhalb des Einheitskreises);
c) die Zahl der komplexen Wurzeln, die gedämpfte Schwingungen bewirken (komplexe Wurzeln innerhalb des Einheitskreises);
d) die Zahl der negativen reellen Wurzeln, die, je nachdem, ob kleiner oder größer als minus eins, explosive oder gedämpfte kurzfristige Oszillationen auslösen.

---

[13] Die Kenntnis des Richtungssinnes der Bildkurve ist erforderlich, weil auch im Urbild ein Richtungssinn vorgegeben ist. In unserem Fall ist der Richtungssinn des Einheitskreises dem Uhrzeigersinn entgegengesetzt.

[14] Vgl. S. 68 f.

Dritter Teil

Empirisches Anwendungsbeispiel der Sektorenanalyse

1. Abschnitt

Beschreibung des Modells

1. Die Aufgabe des dritten Teils der Untersuchung besteht darin, die Anwendungsmöglichkeit der im ersten Teil herausgearbeiteten Definitionen und Hypothesen sowie der im zweiten Teil vorgetragenen mathematisch-formalen Argumentationen am Beispiel eines Modells mit der Multiplikator- und Akzelerationshypothese zu zeigen, dessen Koeffizientenmatrizen aus empirischen Unterlagen berechnet wurden.

Um den Gang der Untersuchung nicht zu unterbrechen, wird das empirische Material, von dem wir ausgehen, sowie die Berechnungsmethode der Koeffizienten und der zu diskutierenden Gleichung in einem Anhang dargestellt. Über die wichtigsten Einschränkungen wollen wir jedoch schon hier einen Überblick geben. Sie betreffen die Besonderheiten des empirischen Anwendungsbeispiels, nicht die Sektorenanalyse selbst.

2. Mangels anderer geeigneter statistischer Unterlagen war es notwendig, als Sektoren ganze Volkswirtschaften zu wählen. Den Vorzug der Sektorenanalyse, prinzipiell einen relativ niedrigen Aggregationsgrad zuzulassen, können wir also nicht ausnützen.

Im Vergleich zu den herkömmlichen Makromodellen ist das empirische Modell nur in bezug auf die Außenwirtschaft weniger stark aggregiert: Für jeden der fünf Sektoren gelten vier Funktionen für Ausgaben an andere Sektoren (Importfunktionen). Demgegenüber unterscheiden wir nicht zwischen Konsum- und Investitionsausgaben, wie es in der Konjunkturtheorie sonst üblich ist: Die Innenumsätze jedes Sektors werden in einer einzigen Ausgabenfunktion erfaßt.

3. Das empirische Material besteht aus jährlichen Statistiken der Bruttosozialprodukte in jeweiligen Marktpreisen und des Außenhandels der fünf Sektoren für den Zeitraum von 1950 bis 1956 (für einen Sektor mußten Schätzungen vorgenommen werden). Daraus ergeben sich die folgenden Konsequenzen:

a) Als Periodenlänge muß ein Jahr gewählt werden. Auf die Problematik der Annahme einer einheitlichen Transaktionsperiode hatten wir bereits früher hingewiesen[1]. Selbst wenn diese Annahme vertretbar wäre, dürfte eine Transaktionsperiode von einem Jahr zu lang sein. Wir halten diese, von der Statistik bestimmte Unterstellung als die fragwürdigste des empirischen Anwendungsbeispiels.

b) Es ist nicht möglich, die gesamten Transaktionen zu erfassen, sondern nur jene Teilkreisläufe, die das Bruttosozialprodukt und den Außenhandel repräsentieren. Wir sind daher gezwungen, die Größen „Ausgaben" und „Einnahmen" für das empirische Modell enger zu definieren als früher[2].

c) Der Untersuchungszeitraum ist sehr kurz. Den im Wege der Dreifachkorrelation gewonnenen fünfundzwanzig Regressionsgleichungen liegen im allgemeinen fünf empirische Beobachtungen zugrunde. Die Korrelationskoeffizienten sind im Durchschnitt zwar außerordentlich hoch[3], dürften aber bei einer größeren Zahl von Beobachtungen niedriger liegen.

4. Die verwendeten Außenhandelsstatistiken des Statistischen Bundesamtes sind für alle Sektoren bereits auf deutsche Währungseinheiten umgerechnet; die Statistiken der Bruttosozialprodukte sind dagegen nur in Landeswährungen verfügbar. Es war daher erforderlich, auch die letztgenannten Statistiken auf Deutsche Mark umzurechnen. Dabei wurden die offiziellen Kurse zugrundegelegt, die sich im Untersuchungszeitraum nicht geändert haben[4]. Mit diesen Kursen ermittelt auch das Statistische Bundesamt die Außenhandelszahlen[5].

Die Umrechnung der für eine Ausgabenfunktion relevanten Zahlen mit einem einheitlichen Kurs hat auf die Höhe der ermittelten Ausgabenkoeffizienten keinen Einfluß. Bei einem Vergleich der Ausgangszahlen ist jedoch zu beachten, daß es sich bei den umgerechneten Werten eigentlich nur um Rechengrößen handelt, da die offiziellen Kurse die Kaufkraft der Währungen unzureichend wiedergeben.

5. Die Ausgaben eines Sektors an den eigenen Sektor in einer Periode sind im Modell zugleich ein Bestandteil seiner Einnahmen der gleichen Periode. Die gesamten Einnahmen sind aber eine der Größen, welche die Höhe der Ausgaben an den eigenen Sektor mitbestimmen. Bei den empirischen Ausgabenfunktionen, die Innenumsätze

---

1 Vgl. Teil I, S. 33.
2 Vgl. S. 21.
3 Vgl. S. 87 f.
4 Vgl. S. 108.
5 Laut mündlicher Auskunft.

der Sektoren kennzeichnen, ist daher ein gewisser Grad der Autokorrelation zu vermuten[6].

6. Die genannten Unzulänglichkeiten lassen erkennen, daß die Aussagefähigkeit des empirischen Modells und seiner Ergebnisse beschränkt ist. Trotzdem glauben wir, daß das Beispiel in sehr groben Zügen einige Zusammenhänge der Wirklichkeit aufzeigt. Es wurde jedoch weniger zur Erklärung historischer Vorgänge oder gar zu Prognosezwecken aufgestellt. Sein Hauptzweck ist vielmehr prinzipieller Natur: den Nachweis zu erbringen, daß Sektorenmodelle der in den beiden ersten Teilen dargestellten Art, ähnlich wie Input-Output-Modelle, ein geeigneter Ausgangspunkt für empirische Forschungen sind.

1. Die Auswahl der Sektoren

Das Modell besteht aus fünf regional abgegrenzten Sektoren, welche die Volkswirtschaften folgender Länder repräsentieren:

Sektor 1: Bundesrepublik Deutschland;
Sektor 2: Vereinigte Staaten von Amerika;
Sektor 3: Großbritannien (einschließlich Nordirland);
Sektor 4: Niederlande;
Sektor 5: Länder der „übrigen Welt".

Die Wahl der Sektoren 1 bis 4 wurde von dem statistischen Material mitbestimmt, das für diese Länder in geeigneter Form aus relativ wenigen und einheitlichen Quellen entnommen werden konnte. Andererseits entschieden wir uns aus folgenden Gründen für die angegebene Abgrenzung:

1. Die Bundesrepublik Deutschland interessiert als stark industrialisierter und zweitwichtigster Außenhandelsstaat Europas sowie als Land, in dem diese Studie entsteht.

2. Auf die Wirtschaft der Vereinigten Staaten entfällt mehr als ein Drittel der Summe der Bruttosozialprodukte aller Sektoren[7]. Obgleich das relative Gewicht des Außenhandels an der gesamten Wirtschaft der USA gering ist, steht die Außenwirtschaft mit einem Anteil von rund 14 % an der Welteinfuhr und einem Anteil von fast 19 % an der Weltausfuhr weit an der Spitze aller Länder[8]. Diese Verhältniszahlen kennzeichnen die Schlüsselstellung der US-Wirtschaft.

---

[6] Vgl. dazu die Besprechung des Buches von J. S. *Polak*, An International Economic System, Chicago 1953, durch J. S. *Chipman*, Ec, Vol. 24, 1956, S. 212 f. Die von Polak vorgenommene empirische Untersuchung enthält einen ähnlichen Mangel.

[7] Vgl. dazu auch die Tabelle der Einnahmen und Ausgaben im Anhang, S. 110 f.

[8] Die Zahlen gelten für 1955; sie wurden berechnet nach StJb 1957, S. 83*.

3. Nach dem Wert der Importe und Exporte steht Großbritannien in Europa an erster, in der Welt an zweiter Stelle. Der Sektor ist außenwirtschaftlich besonders stark verflochten. Der Wert der britischen Importe beträgt rund 20 % des Bruttosozialproduktes.

4. Die Niederlande sind über ihre Außenwirtschaft noch stärker als Großbritannien mit dem Ausland verflochten. Der Wert ihrer Importe erreicht mehr als 40 % des Bruttovolkseinkommens[9].

5. Der Sektor „Übrige Welt" ist als Hilfssektor aufzufassen[10]: Die Sektoren 1 bis 4 ergeben zusammen kein geschlossenes System. Das Niveau ihrer ökonomischen Aktivität wird über die Außenwirtschaft auch von der wirtschaftlichen Aktivität anderer Länder der Welt mitbestimmt. Es wäre daher nicht sinnvoll, die Exporte und Importe der Sektoren 1 bis 4 nach bzw. von Sektor 5 etwa als autonome Größen (Konstanten) anzusetzen. Andererseits war es mit den zur Verfügung stehenden Rechenhilfsmitteln nicht möglich, den Sektor 5 in einzelne Länder aufzuspalten[11].

Im Sektor 5 fehlt die Mehrzahl der Länder des Ostblocks[12]. Da der Handel zwischen diesen Staaten und den Sektoren 1 bis 5 sehr gering ist und weitgehend von zentralen Instanzen autonom bestimmt wird, kann er vernachlässigt werden.

2. Die Größen „Ausgaben" und „Einnahmen"

Wir hatten im ersten Teil die Begriffe „Ausgaben" und „Einnahmen" für die Zwecke der Sektorenanalyse sehr weit gefaßt. Diese Begriffe bezeichneten bisher die nicht von Preisveränderungen bereinigten monetären Äquivalente aller Güter- und Dienstleistungstransaktionen[13].

Von dieser umfassenden Definition müssen wir für das empirische Anwendungsbeispiel der Theorie mangels ausreichender und einheitlicher statistischer Unterlagen über die Umsätze in den einzelnen Sektoren absehen. Wir beschränken uns notgedrungen auf jene Ausgabenströme, die in den vom Statistischen Bundesamt veröffentlichten volkswirtschaftlichen Gesamtrechnungen der Länder und den regionalen Außenhandelsstatistiken erfaßt sind. Als Bezugsgrößen dienen die Bruttosozialprodukte nach der Verwendungsseite zu jeweiligen Marktpreisen sowie die Importwerte in jeweiligen Preisen.

---

[9] Vgl. Tabelle 3 im Anhang, S. 110 f.

[10] Für diesen Sektor waren Schätzungen vorzunehmen. Vgl. Anhang S. 108 f.

[11] Die Konstruktion eines Sektors „Übrige Welt" ist auch in der Theorie des Außenhandelsmultiplikators zu finden. Vgl. dazu F. *Machlup*, International Trade and the National Income Multiplier, a.a.O., S. 90.

[12] Genauer: die UdSSR, die Volksrepublik China, die Tschechoslowakei, Ungarn, Bulgarien und die Sowjetische Besatzungszone Deutschlands.

[13] Vgl. S. 19 ff. und 24.

Der Wert des Bruttosozialprodukts (nach der Verwendungsseite definiert)[14] repräsentiert in einer geschlossenen Wirtschaft die privaten und staatlichen Ausgaben für Konsumgüter und solche Güter, die Bestandteil der Bruttoinvestition sind. In einer offenen Wirtschaft sind diese Ausgaben um den Saldo der Leistungsbilanz zu berichtigen.

Die Importwerte stellen Ausgaben eines Landes an andere Länder für den Kauf von Gütern dar. Sie umfassen nicht Ausgaben für Dienstleistungen.

Dementsprechend definieren wir für das empirische Beispiel die Größen „Ausgaben" wie folgt:

a) Ausgaben eines Sektors an den eigenen Sektor (Innenumsätze) sind die um den Saldo der Leistungsbilanz berichtigten privaten und staatlichen Konsum- und Bruttoinvestitionsausgaben. Wir erfassen damit nur jene Kreislaufströme innerhalb eines Sektors, welche die Wertschöpfung und die Ersatzinvestition repräsentieren.
b) Die Ausgaben eines Sektors an einen anderen Sektor sind gleich dem Wert seiner Güterimporte von diesem Sektor. Nicht berücksichtigt werden Ausgaben für Dienstleistungen des anderen Sektors[15/16].

Daraus ergeben sich die gesamten Einnahmen eines Sektors als Summe der Innenumsätze und Erlöse aus Güterexporten[17/18].

3. Die empirisch ermittelten Ausgabenfunktionen

1. Für jeden der Sektoren gelten fünf Ausgabenfunktionen, in denen die Multiplikator- und die Akzelerationshypothese zum Ausdruck kommen: Die Höhe der Ausgaben an andere Sektoren bzw. den eigenen Sektor hängt von der Höhe und der Veränderung der gesamten Einnahmen ab.

---

[14] Wir verwenden hier die Terminologie des Statistischen Bundesamtes. Vgl. z. B. StJb 1958, S. 160* ff.

[15] Die Gesamtausgaben eines Sektors sind also das monetäre Äquivalent der Summe aus Bruttosozialprodukt zu Marktpreisen und Güterimporten. Diese Summe entspricht etwa dem Wert der Größe, die vom Statistischen Bundesamt mit „Insgesamt verfügbare Güter und Dienste" bezeichnet wird (vgl. z. B. StJb 1957, S. 172*). Eine genaue Übereinstimmung würde allerdings die Berücksichtigung der Dienstleistungskäufe und der vom Inland an das Ausland gezahlten Einkünfte aus Vermögen erfordern.

[16] Rein finanzielle Transaktionen der Kapitalbewegungsbilanz wurden nach der früheren Definition von vornherein aus der Betrachtung ausgeklammert (vgl. S. 19 Fußnote 10). Sie sind im allgemeinen nicht ökonomisch determinierbar; d. h. hier: ein funktionaler Zusammenhang mit den Einnahmen der Sektoren kann nicht hergestellt werden.

[17] Vgl. die Matrix der Ausgaben und Einnahmen der Sektoren sowie die dazu gegebenen Erläuterungen im Anhang, S. 108 ff.

[18] Die Einnahmen eines Sektors sind demnach nicht identisch mit dem Bruttovolkseinkommen. Zu diesem wären die Exporterlöse hinzuzurechnen.

2. Trotz der revidierten Definitionen der Größen „Ausgaben“ und „Einnahmen“ haben beide Hypothesen im empirischen Test ihre Berechtigung erwiesen. Es trat zwar eine Anzahl von Fällen auf, in denen keine Akzelerationswirkungen festzustellen waren. Dementsprechend erscheinen in der Matrix $\mathfrak{B}$ der Akzelerationskoeffizienten an mehreren Stellen Null-Elemente.

Insgesamt zeigte sich jedoch die Einführung der Akzelerationshypothese als sinnvoll. Daß die Akzelerationskoeffizienten relativ klein, aber nicht zu vernachlässigen sind, überrascht bei Berücksichtigung des hohen Aggregationsgrades sowie der im ersten Teil vorgetragenen Argumente nicht[19].

3. Nach dem empirischen Befund hängen Ausgaben nach der Multiplikatorhypothese von der Höhe der Einnahmen des gleichen Jahres ab. Die Reaktionszeit für Ausgaben nach der Akzelerationshypothese ist dagegen länger: Es zeigte sich, daß diese Ausgaben von der Veränderung der Einnahmen der Vorperiode gegenüber der vorletzten Periode induziert werden. Die höchsten Korrelationen erzielten dementsprechend die Ausgabenfunktionen in der Schreibweise

$$A_{ij}(t) = a_{ij} Y_j(t) + b_{ij} \left\{ Y_j(t-1) - Y_j(t-2) \right\} + C_{ij} \quad (i, j = 1, 2, \ldots, n). \tag{2.2c}$$

Diese Funktionen mit den empirisch ermittelten Koeffizienten a_{ij} und b_{ij} sowie den autonomen Ausgaben C_{ij} sind in Tabelle 1 dargestellt. Dort werden auch die Koeffizienten der multiplen Korrelation, R, angegeben.

Tabelle 1

Empirisch ermittelte Ausgabenfunktionen [a) b)]

Sektor 1: Bundesrepublik Deutschland

			R
(1—1)	$A_{11}(t) = 0{,}870\, Y_1(t) + 0{,}129 \left\{ Y_1(t-1) - Y_1(t-2) \right\}$	— 4,40	0,999
(2—1)	$A_{21}(t) = 0{,}027\, Y_1(t) + 0{,}047 \left\{ Y_1(t-1) - Y_1(t-2) \right\}$	— 31,73	0,961
(3—1)	$A_{31}(t) = 0{,}008\, Y_1(t)$	— 6,73	0,981
(4—1)	$A_{41}(t) = 0{,}011\, Y_1(t)$	— 5,00	0,964
(5—1)	$A_{51}(t) = 0{,}129\, Y_1(t) + 0{,}004 \left\{ Y_1(t-1) - Y_1(t-2) \right\}$	— 79,58	0,994

Sektor 2: Vereinigte Staaten von Amerika

			R
(1—2)	$A_{12}(t) = 0{,}004\, Y_2(t) + 0{,}001 \left\{ Y_2(t-1) - Y_2(t-2) \right\}$	— 45,58	0,851
(2—2)	$A_{22}(t) = 0{,}955\, Y_2(t)$	+ 63,33	0,999
(3—2)	$A_{32}(t) = 0{,}003\, Y_2(t)$	— 27,15	0,985
(4—2)	$A_{42}(t) =$	+ 7,00	—
(5—2)	$A_{52}(t) = 0{,}041\, Y_2(t) + 0{,}025 \left\{ Y_2(t-1) - Y_2(t-2) \right\}$	— 280,06	0,994

---

[19] Vgl. S. 41.

Sektor 3: Großbritannien

(1—3)	$A_{13}(t) = 0{,}008\ Y_3(t) + 0{,}048\ \{Y_3(t-1) - Y_3(t-2)\}$	$-\ 17{,}55$	0,970
(2—3)	$A_{23}(t) = 0{,}036\ Y_3(t) + 0{,}110\ \{Y_3(t-1) - Y_3(t-2)\}$	$-\ 66{,}55$	0,837
(3—3)	$A_{33}(t) = 0{,}894\ Y_3(t)$	$-\ 68{,}67$	0,999
(4—3)	$A_{43}(t) = 0{,}010\ Y_3(t) + 0{,}018\ \{Y_3(t-1) - Y_3(t-2)\}$	$-\ 15{,}28$	0,872
(5—3)	$A_{53}(t) = 0{,}068\ Y_3(t) + 0{,}155\ \{Y_3(t-1) - Y_3(t-2)\}$	$-\ 167{,}56$	0,856

Sektor 4: Niederlande

(1—4)	$A_{14}(t) = 0{,}177\ Y_4(t) + 0{,}030\ \{Y_4(t-1) - Y_4(t-2)\}$	$-\ 52{,}27$	0,881
(2—4)	$A_{24}(t) = 0{,}084\ Y_4(t) + 0{,}094\ \{Y_4(t-1) - Y_4(t-2)\}$	$-\ 21{,}46$	0,992
(3—4)	$A_{34}(t) = 0{,}035\ Y_4(t)$	$-\ 3{,}15$	0,791
(4—4)	$A_{44}(t) = 0{,}597\ Y_4(t)$	$+\ 58{,}18$	0,980
(5—4)	$A_{54}(t) = 0{,}252\ Y_4(t) + 0{,}050\ \{Y_4(t-1) - Y_4(t-2)\}$	$-\ 27{,}59$	0,989

Sektor 5: „Übrige Welt"

(1—5)	$A_{15}(t) = 0{,}017\ Y_5(t) + 0{,}002\ \{Y_5(t-1) - Y_5(t-2)\}$	$-\ 204{,}68$	0,961
(2—5)	$A_{25}(t) = 0{,}016\ Y_5(t) + 0{,}033\ \{Y_5(t-1) - Y_5(t-2)\}$	$+\ 182{,}42$	0,971
(3—5)	$A_{35}(t) = 0{,}008\ Y_5(t) + 0{,}001\ \{Y_5(t-1) - Y_5(t-2)\}$	$+\ 107{,}60$	0,951
(4—5)	$A_{45}(t) = 0{,}003\ Y_5(t) + 0{,}001\ \{Y_5(t-1) - Y_5(t-2)\}$	$+\ 6{,}79$	0,951
(5—5)	$A_{55}(t) = 0{,}985\ Y_5(t) + 0{,}005\ \{Y_5(t-1) - Y_5(t-2)\}$	$-\ 717{,}01$	0,999

a) Quellen und Berechnungsmethoden werden im Anhang, S. 108 ff., angegeben. Die Gleichungen werden nach den Fußindices der A_{ij} (i, j = 1, 2, . . , 5) numeriert.

b) Als konstante Glieder C_{ij} erscheinen hier bereits auf deutsche Währungseinheiten umgerechnete Zahlen in 100 Mill. DM. Vgl. dazu Anhang S. 113.

4. Einschränkende Bemerkungen zur Gültigkeit der Ausgabenfunktionen

Ehe die Funktionen näher interpretiert werden, ist auf folgende Einschränkungen hinzuweisen:

1. Eine empirisch ermittelte lineare Ausgabenfunktion dürfte als Approximation eines begrenzten Bereichs einer nicht-linearen Funktion aufzufassen sein. Die Grenzen dieses Bereichs sind schwer feststellbar. Je weiter sich die nach der linearen Funktionsvorschrift berechneten Werte von den der Regression zugrundeliegenden, empirisch festgestellten Werten entfernen, desto größer ist der Unsicherheitsfaktor der Rechnung.

Diese Argumentation wird durch den Tatbestand gestützt, daß in den Regressionsgleichungen negative Konstanten C_{ij} auftreten: In einem dreidimensionalen Diagramm mit den Achsen $A_{ij}(t)$, $Y_j(t)$ und $\{(Y_j(t-1) — Y_j(t-2)\}$ schneidet die Fläche, welche eine lineare Ausgabenfunktion mit einer negativen Konstanten darstellt, die $A_{ij}(t)$-Achse im negativen Bereich. Mit anderen Worten: Würde der gleiche lineare Zusammenhang für jede Höhe und Veränderung der Einnahmen gelten, so müßten — wenn die Einnahmen permanent sinken — schließlich „negative Ausgaben" geleistet werden. Da „negative Ausgaben" ökonomisch nicht sinnvoll sind, kann gefolgert werden, daß eine lineare Regressionsgleichung mit negativem C_{ij} den begrenzten Bereich einer nicht-linearen Ausgabenfunktion repräsentiert, deren konstantes Glied positiv ist. Solange sich die Ausgaben und Einnahmen in diesem Bereich bewegen, ist die lineare Approximation vertretbar, und ein negativer Wert für C_{ij} stört nicht.

2. Unter Vernachlässigung der Rezession im Jahre 1954, die sich in den untersuchten Kreislaufströmen jedoch nur für die USA und die „Übrige Welt" bemerkbar machte, handelt es sich bei dem zugrundegelegten Zeitraum um eine Phase der Expansion, die zum Teil sogar durch politische Verhältnisse mitbestimmt war. In Zeiten eines Abschwungs können generell andere funktionale Zusammenhänge zwischen Einnahmen und Ausgaben gelten[20].

3. Die Ausgaben der Sektoren, die der Regressionsanalyse zugrundeliegen, wurden unter der in diesem Zeitraum in den einzelnen Sektoren verfolgten allgemeinen Wirtschaftspolitik geleistet. Nahezu alle wirtschaftspolitischen Maßnahmen haben Einfluß auf die Volumina der Geldströme. Insbesondere wirkt die Geldpolitik auf die Innenumsätze ein; die Außenwirtschaftspolitik reguliert die Ausgaben der Sektoren untereinander. Die Ausgabenfunktionen gelten daher nur unter den allgemeinen wirtschaftspolitischen Prinzipien, die im Untersuchungszeitraum in den Sektoren praktiziert wurden[21].

4. Strukturelle Veränderungen innerhalb der Sektoren, wie z. B. Zunahme des Monopolisierungs- oder Integrationsgrades, Veränderungen der Bedarfsstruktur oder der Ausgabengewohnheiten, können die funktionalen Zusammenhänge zwischen Einnahmen und Ausgaben allmählich umgestalten.

---

[20] Vgl. S. 47.

[21] Änderungen in der Wirtschaftspolitik der Länder der westlichen Welt von so großer Bedeutung, daß sie die hier grob aufgezeigten Zusammenhänge zwischen den großen Aggregaten der Einnahmen und Ausgaben vollständig durchbrochen hätten, waren im Untersuchungszeitraum wohl kaum zu verzeichnen.

5. Aus diesen Argumenten geht hervor, daß die Beschränkung der empirischen Untersuchung auf einen kurzen Zeitraum auch Vorteile hat. Wegen der geringen Zahl von Beobachtungen, aus denen die Regressionsgleichungen in Tabelle 1 berechnet wurden, sowie der relativ lang gewählten Transaktionsperiode von einem Jahr wäre es vielleicht wünschenswert gewesen, den Berechnungen monatliche oder vierteljährliche Zahlen zugrundezulegen. Selbst wenn die entsprechenden statistischen Unterlagen lückenlos verfügbar wären[22], ergäbe sich dann jedoch das Problem der Elimination jahreszeitlicher Schwankungen.

5. Interpretation der Ausgabenfunktionen

Versuchen wir nun, die Funktionen in Tabelle 1 zu interpretieren, so lassen sich folgende Zusammenhänge erkennen:

1. Die Höhe der Ausgabenkoeffizienten in bezug auf die Innenumsätze (a_{ij}, b_{ij} mit $i = j$) mißt in etwa den Grad der Abhängigkeit eines Sektors von anderen Sektoren. Danach sind neben der „Übrigen Welt" die Vereinigten Staaten der am wenigsten abhängige Sektor. Der weitaus am stärksten abhängige Sektor sind die Niederlande.

2. Einige der Ausgabenkoeffizienten in bezug auf Ausgaben eines Sektors an andere Sektoren (a_{ij}, b_{ij} mit $i \neq j$) geben über besondere Abhängigkeiten der Sektoren untereinander Aufschluß. So sind die Niederlande besonders von der „Übrigen Welt" und der Bundesrepublik abhängig; die Bundesrepublik ist wieder relativ eng mit der „Übrigen Welt" verknüpft.

Der Fall, daß die Ausgaben eines Sektors an einen anderen von seinen Einnahmen völlig unabhängig sind, trat nur einmal auf: Die Ausgaben der Vereinigten Staaten an die Niederlande sind als autonom anzusehen. — Auch die Abhängigkeit der Ausgaben der „Übrigen Welt" an die Niederlande ist fast zu vernachlässigen.

3. Akzelerationswirkungen bei Innenumsätzen (b_{ij} mit $i = j$) sind um so eher festzustellen, je stärker das Wachstum der Einnahmen des Sektors im Untersuchungszeitraum war.

Die relativ weitaus stärkste Zunahme der Einnahmen hatte die Bundesrepublik zu verzeichnen. Ihr folgt der Sektor „Übrige Welt"[23]. Nur für diese Sektoren wurden Akzelerationskoeffizienten, die größer als Null sind, ermittelt. Der Koeffizient für die Bundesrepublik ist beachtlich, der für die „Übrige Welt" dagegen ist sehr klein.

---

[22] Statistiken für kürzere Perioden sind für den Außenhandel verfügbar, aber nicht für die Sozialprodukte.

[23] Dies geht aus der Tabelle im Anhang hervor. Vgl. S. 110 f.

4. Tendenziell spielen Akzelerationswirkungen in den Ausgaben eines Sektors an andere Sektoren (b_{ij} mit $i \neq j$) eine um so geringere Rolle, je weniger abhängig ein Sektor ist. So sind z. B. die Akzelerationskoeffizienten für den Sektor „Übrige Welt" fast durchweg außerordentlich klein. Für die Vereinigten Staaten waren nennenswerte Akzelerationswirkungen überhaupt nur bei Ausgaben an die „Übrige Welt" festzustellen.

Dagegen treten Akzelerationswirkungen in den Ausgabenströmen relativ abhängiger Sektoren, wie Großbritannien und den Niederlanden, deutlich in Erscheinung. Die Akzelerationskoeffizienten sind hier am größten.

Bemerkenswert sind die Akzelerationswirkungen bei Ausgaben, die von anderen Sektoren an die Vereinigten Staaten geleistet werden.

5. Die hiermit angedeuteten Zusammenhänge können zwar nicht verallgemeinert werden, lassen aber doch erkennen, daß es sinnvoll und gerechtfertigt ist, in einer Sektorenanalyse neben der Multiplikatorhypothese auch die Akzelerationshypothese zu berücksichtigen[24].

6. Die charakteristische Gleichung des empirischen Modells

1. Die Ausgabenfunktionen der Tabelle 1 formulieren wir nunmehr in ein System von fünf Differenzengleichungen zweiter Ordnung um, dessen Variablen die Einnahmen der Sektoren 1 bis 5 sind. Dieses System entspricht dem im zweiten Teil behandelten Modell mit der Multiplikator- und Akzelerationshypothese.

Die Matrizen $\mathfrak{A}$ und $\mathfrak{B}$ sind jetzt als fünfreihige Koeffizientenmatrizen aufzufassen, deren Elemente die Ausgabenkoeffizienten a_{ij}, b_{ij} der Sektoren 1 bis 5 bilden:

$$\mathfrak{A} = \begin{bmatrix} 0{,}870 & 0{,}004 & 0{,}008 & 0{,}177 & 0{,}017 \\ 0{,}027 & 0{,}955 & 0{,}036 & 0{,}084 & 0{,}016 \\ 0{,}008 & 0{,}003 & 0{,}894 & 0{,}035 & 0{,}008 \\ 0{,}011 & 0 & 0{,}010 & 0{,}597 & 0{,}003 \\ 0{,}129 & 0{,}041 & 0{,}068 & 0{,}252 & 0{,}985 \end{bmatrix}$$

[24] Die Akzelerationshypothese fehlt z. B. in den empirischen Studien zum Außenhandel von J. J. *Polak*, a.a.O.; H. *Neißer*, F. *Modigliani*, National Incomes and International Trade, Urbana 1953 (Neudruck 1956). Nur H. *Giersch* (a.a.O., S. 272 ff.) versucht, Akzelerationswirkungen in einzelnen Importströmen empirisch nachzuweisen. — W. *Beckermann* (The World Trade Multiplier and the Stability of World Trade, 1938 to 1953, Ec, Vol. 24, 1956, S. 239 ff.), der als einziger in seiner empirischen Untersuchung das Instrumentarium der Sektorenanalyse verwendet, berücksichtigt ebenfalls keine Akzelerationswirkungen.

$$\mathfrak{B} = \begin{bmatrix} 0{,}127 & 0{,}001 & 0{,}048 & 0{,}030 & 0{,}002 \\ 0{,}047 & 0 & 0{,}110 & 0{,}094 & 0{,}033 \\ 0 & 0 & 0 & 0 & 0{,}001 \\ 0 & 0 & 0{,}018 & 0 & 0{,}001 \\ 0{,}004 & 0{,}025 & 0{,}155 & 0{,}050 & 0{,}005 \end{bmatrix}$$

Jedes Element des Vektors $\mathfrak{c}$ besteht aus der Summe der konstanten Glieder $\sum_{j=1}^{5} C_{ij}$:

$$\mathfrak{c} = \begin{bmatrix} -324{,}48 \\ 126{,}01 \\ 1{,}90 \\ 51{,}69 \\ -936{,}68 \end{bmatrix}$$

2. Die charakteristische Gleichung des empirischen Modells enthält nach

(2.18) $$|\mathfrak{E}\gamma^2 - (\mathfrak{E}-\mathfrak{A})^{-1}\mathfrak{B}\gamma + (\mathfrak{E}-\mathfrak{A})^{-1}\mathfrak{B}| = 0$$

ein Polynom 10. Grades mit den Wurzeln γ_k ($k = 1, 2, \ldots, 10$). Sowohl das Auflösen der Determinante als auch die Diskussion des Polynoms ist ohne große Rechengeräte kaum möglich.

Mit Hilfe der früher gezeigten Rechenvereinfachung können wir (2.18) jedoch auf

(2.27) $$|\mathfrak{B} - (\mathfrak{E}-\mathfrak{A})\, u| = 0$$

reduzieren. Die Hilfsgröße u ist hierbei definiert als

(2.26) $$u = \frac{\gamma^2}{\gamma - 1}$$

Von dieser Rechenvereinfachung machen wir jetzt Gebrauch. Nur sie ermöglicht praktisch die Diskussion des empirischen Modells.

Durch Einsetzen und Subtrahieren der empirischen Koeffizientenmatrizen erhalten wir die (2.27) entsprechende Gleichung:

(2.29)
$$\begin{vmatrix} 0{,}127 - 0{,}130u & 0{,}001 + 0{,}004u & 0{,}048 + 0{,}008u & 0{,}030 + 0{,}177u & 0{,}002 + 0{,}017u \\ 0{,}047 + 0{,}027u & 0 \quad - 0{,}045u & 0{,}110 + 0{,}036u & 0{,}094 + 0{,}084u & 0{,}033 + 0{,}016u \\ 0 \quad + 0{,}008u & 0 \quad + 0{,}003u & 0 \quad - 0{,}106u & 0 \quad + 0{,}035u & 0{,}001 + 0{,}008u \\ 0 \quad + 0{,}011u & 0 \quad + 0 & 0{,}018 + 0{,}010u & 0 \quad - 0{,}403u & 0{,}001 + 0{,}003u \\ 0{,}004 + 0{,}129u & 0{,}025 + 0{,}041u & 0{,}155 + 0{,}068u & 0{,}050 + 0{,}252u & 0{,}005 - 0{,}015u \end{vmatrix} = 0.$$

Die Auflösung der Determinante ergibt das folgende Polynom 5. Grades für u[25]:

(2.30) $$u^5 + 6{,}310\, u^4 - 0{,}699\, u^3 - 1{,}003\, u^2 - 0{,}024\, u - 0{,}001 = 0.$$

[25] Auch die Berechnung einer Determinante 5. Grades, deren Elemente wie im vorliegenden Fall aus je zwei Gliedern bestehen, erforderte großen Rechenaufwand. Vgl. zum Gang der Rechnung Anhang S. 115 f.

Diese Gleichung wählen wir als Ausgangspunkt der Diskussion des empirischen Modells.

2. Abschnitt

Diskussion des Modells

Das Ziel der Diskussion ist die Bestimmung der Entwicklungstendenzen der Einnahmen der Sektoren 1 bis 5, die im Untersuchungszeitraum bestanden.

Aus rechnerischen Gründen ist es kaum möglich und für die Zwecke der Untersuchung auch nicht erforderlich, die Lösungen des empirischen Modells zu ermitteln. Es reicht aus, die Eigenschaften des Modells mit Hilfe von Aussagen über die Wurzeln γ_k $(k = 1, 2, \ldots, 10)$ der skalaren Lösung zu bestimmen[1].

Eine besondere Eigenschaft des Modells ist auf Grund seiner mathematischen Struktur bereits bekannt: Sofern sich aus der charakteristischen Gleichung (2.29) des empirischen Modells reelle Wurzeln γ_k ergeben, zeigen die Einnahmen der Sektoren entweder eine außerordentlich starke Wachstumstendenz oder eine Tendenz zu kurzfristigen Schwingungen[2].

Genauere Informationen über die Wurzeln γ_k erhalten wir, indem wir das zweite und dritte der früher erläuterten Diskussionsverfahren anwenden[3]. Es bereitet keine Schwierigkeiten, die Untersuchung zunächst auf die Wurzeln u_m $(m = 1, 2, \ldots, 5)$ der Gleichung (2.30) abzustellen und von diesen über die Beziehung (2.26) auf die Wurzeln γ_k zu schließen.

1. Abschätzen der Zahl und Größe reeller Wurzeln

Mit der zweiten Diskussionsmethode ermitteln wir zunächst die Zahl der reellen Wurzeln und schätzen ihre Größe ab.

Zu diesem Zweck zerlegen wir das Polynom auf der linken Seite von (2.30) in die beiden Teile

(2.31) $$u^5 + 6{,}310\, u^4 - 0{,}699\, u^3 = F(u),$$

(2.32) $$1{,}003\, u^2 + 0{,}024\, u + 0{,}001 = G(u).$$

---

[1] Wir setzen im folgenden voraus, daß die Konstanten l_{ik}, mit denen in der skalaren Lösung die Potenzen der Wurzeln zu multiplizieren sind, von Null verschiedene Werte haben. Vgl. dazu S. 73 f.

[2] Vgl. S. 72 f.

[3] Vgl. S. 75 ff.

Diese beiden Funktionen sollen als Kurven in einem Koordinatensystem mit der Abszisse u und der Ordinate F(u) bzw. G(u) aufgezeichnet werden. Da wir uns nur für die Zahl und die Lage der Schnittpunkte der Kurven interessieren, genügt es, mit Hilfe der ersten und zweiten Ableitungen der Funktionen die Extrema und Wendepunkte zu bestimmen sowie einige Funktionswerte in der Umgebung der vermuteten Schnittpunkte durch Einsetzen von u-Werten in die Gleichungen (2.31) und (2.32) zu berechnen.

Die so ermittelten Kurven sind schematisch in Figur 6 dargestellt. Es ist zu beachten, daß die Maßstäbe der Abszisse und Ordinate aus zeichnerischen Gründen stark verzerrt wiedergegeben werden. Der Maßstab für Werte in der Nähe des Ursprungs und auf der positiven u-Achse ist sehr groß, der Maßstab für höhere Ordinaten-Werte dagegen sehr klein gewählt.

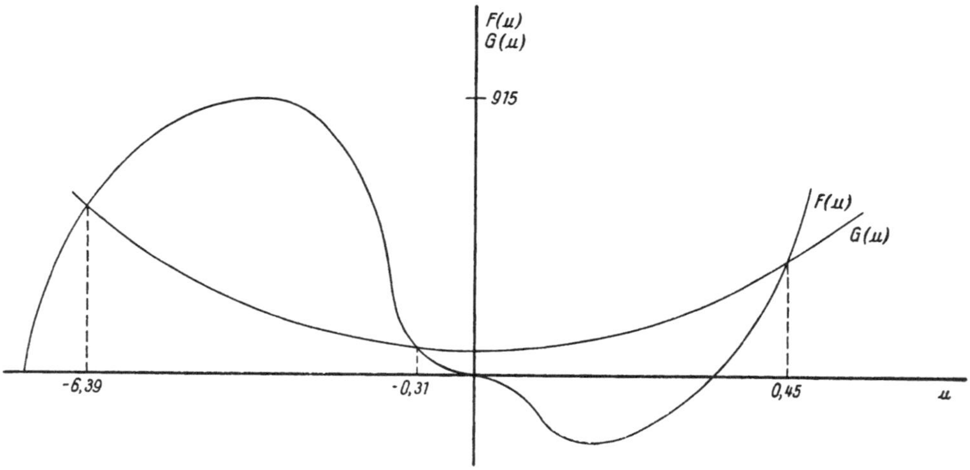

Figur 6

Nach Figur 6 ergibt sich, daß die Gleichung drei reelle Wurzeln hat, die wir mit u_1, u_2 und u_3 bezeichnen. Diesen Wurzeln sind nach der Vorschrift (2.26) sechs der gesuchten Wurzeln γ_k zugeordnet, die wir mit $\gamma_1, \ldots, \gamma_6$ kennzeichnen:

$$u_1 = -6{,}39 \begin{cases} \gamma_1 = 0{,}88 \\ \gamma_2 = -7{,}27 \end{cases}$$

(2.33)
$$u_2 = 0{,}45 \left\{ \begin{matrix} \gamma_3 \\ \gamma_4 \end{matrix} \right\} = \text{komplex}$$

$$u_3 = -0{,}31 \begin{cases} \gamma_5 = 0{,}42 \\ \gamma_6 = -0{,}73 \end{cases}$$

Eine überschlägige Kontrolle der Berechnung ist nach Figur 2 (Seite 72) möglich.

Das erste Diskussionsergebnis lautet demnach: Von den 10 gesuchten Wurzeln γ_k ($k = 1,2, \ldots, 10$) sind vier reell und sechs komplex.

Eine der reellen Wurzeln liegt außerhalb des Einheitskreises; sie ist stark negativ. Von den drei reellen Wurzeln innerhalb des Einheitskreises ist eine negativ und zwei sind positiv.

Dieses Teilergebnis würde bereits eine ökonomische Interpretation gestatten. Sie soll jedoch erst dann erfolgen, wenn auch das Ergebnis der Anwendung des dritten Diskussionsverfahrens bekannt ist.

2. Bestimmung der Zahl der Wurzeln innerhalb und außerhalb des Einheitskreises

Nachdem die zweite Diskussionsmethode Informationen über die reellen Wurzeln geliefert hat, ist nun festzustellen, wieviele der komplexen Wurzeln innerhalb und außerhalb des Einheitskreises liegen. Dieses Problem wird gelöst, indem wir nach dem Verfahren von Cremer-Leonhard die Gesamtzahl der Wurzeln innerhalb bzw. außerhalb des Einheitskreises ermitteln[4].

Zu diesem Zweck haben wir den Einheitskreis der γ-Ebene mit dem Polynom 10. Grades der charakteristischen Gleichung (2.18) in eine Bild-Ebene zu übertragen. Die Winkelveränderung, die der Fahrstrahl vom Ursprung an alle Punkte der Bildkurve beschreibt, gibt mit Hilfe von Gleichung (1) über die Zahl der Wurzeln γ_k außerhalb des Einheitskreises Aufschluß[5].

Wir können jedoch auch hier von dem Polynom 5. Grades (2.30) ausgehen und die Untersuchung dementsprechend in zwei Schritte zerlegen:

Im ersten Schritt bilden wir den Einheitskreis in der γ-Ebene (das Urbild) mit der Vorschrift (2.26) in die u-Ebene ab. Die Kurve, die wir in der u-Ebene erhalten, kennzeichnen wir als 1. Bildkurve.

Im zweiten Schritt übertragen wir die 1. Bildkurve mit der Vorschrift (2.30) in eine dritte Ebene, die wir als ξ-Ebene bezeichnen. Die Kurve, die wir in dieser Ebene erhalten, ist die gesuchte Bildkurve. Wir kennzeichnen sie als 2. Bildkurve.

Diesen Gang der Untersuchung verdeutlicht die Figur 7 noch einmal schematisch. Mit den dort verwendeten Achsenbezeichnungen definie-

---

[4] Vgl. S. 77 ff.

[5] Vgl. S. 80.

ren wir zugleich die Realteile und Imaginärteile der komplexen Zahlen γ, u und ξ wie folgt:

(2.34) $$\gamma = a + bi$$

(2.35) $$u = \alpha + \beta i$$

(2.36) $$\xi = \nu + \mu i$$

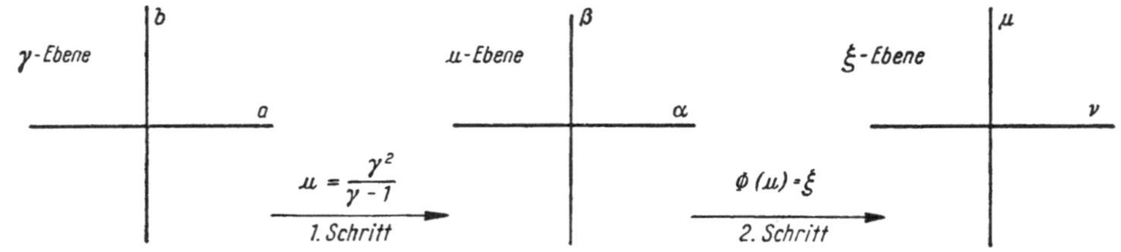

Figur 7

a) Erster Schritt

1. Beim ersten Schritt haben wir zu beachten, daß in der Vorschrift (2.26), mit der die Abbildung des Einheitskreises durchgeführt wird, die Zahl γ nicht den Wert eins annehmen darf[6]. Der Einheitskreis durchläuft aber gerade diesen Wert. Wir bedienen uns daher einer Hilfskonstruktion: Der Einheitskreis laufe beliebig nahe an dem Punkt γ = 1 vorbei (vgl. Figur 8).

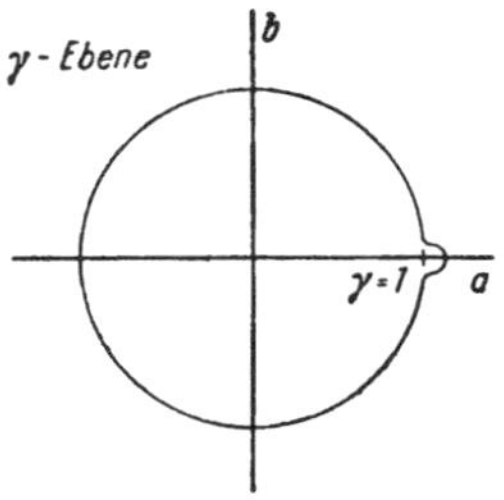

Figur 8

Die im folgenden zunächst algebraisch abgeleitete 1. Bildkurve[7] wird auf Grund dieser Hilfskonstruktion später zu ergänzen sein.

2. Der Einheitskreis in der γ-Ebene wird in Parameterdarstellung beschrieben durch (vgl. Figur 9)

---

[6] Diese Voraussetzung wurde bereits früher erwähnt; sie folgt aus der Forderung $|\mathfrak{E}-\mathfrak{A}| \neq 0$. Vgl. S. 69.

[7] Die algebraische Ableitung ermöglicht eine genauere Zeichnung der 1. Bildkurve. Erst beim zweiten Schritt reicht eine geometrische Abbildung aus.

$$a = \cos \varphi,$$
$$b = \sin \varphi,$$

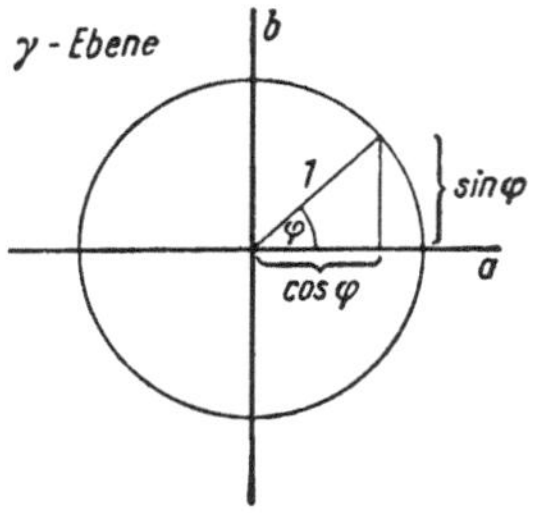

(2.37) $\gamma = \cos \varphi + i \sin \varphi \qquad (0 \leqq \varphi \leqq 2\pi).$

Figur 9

Eine komplexe Zahl u hatten wir definiert als

(2.35) $$u = \alpha + \beta i.$$

Setzen wir (2.37) und (2.35) in die Abbildungsvorschrift

(2.26) $$u = \frac{\gamma^2}{\gamma - 1}$$

ein, so ergibt sich

(2.38) $$\alpha + \beta i = \frac{(\cos \varphi + i \sin \varphi)^2}{\cos \varphi + i \sin \varphi - 1}.$$

Aus Gleichung (2.38) können wir den Realteil α und den Imaginärteil β von u ermitteln:

(2.39) $$\alpha = \frac{1}{2} + \cos \varphi;$$

(2.40) $$\beta = \frac{1}{2} \sin \varphi \left(2 - \frac{1}{1 - \cos \varphi}\right).$$

Lassen wir nun den Parameter φ eine Reihe von Werten zwischen 0° und 360° durchlaufen, so erhalten wir nach (2.39) und (2.40) zugeordnete α- und β-Werte, welche die Koordinaten von Punkten auf der gesuchten 1. Bildkurve sind.

In der Tabelle 2 wurde eine Anzahl solcher Werte berechnet. Verbinden wir die so ermittelten Punkte in der u-Ebene, so erhalten wir den Kurvenast BCD in Figur 10 mit dem eingezeichneten Richtungssinn. Es ist leicht einzusehen, daß es nicht erforderlich ist, die Tabelle 2 bis 360° weiterzuführen; denn den Kurvenast DCA erhalten wir durch Spiegelung des unteren Astes an der α-Achse.

3. Der Kurvenzug BCDCA ist nun auf Grund der erwähnten Hilfskonstruktion zu ergänzen. Für $\gamma = 1$ bzw. $\varphi = \begin{cases} 0° \\ 360° \end{cases}$ nimmt α den Grenzwert $\mp \infty$ an. Aus diesem Grund ergab sich bisher statt eines geschlossenen Kurvenzuges ein offenes Kurvenstück. Indem wir den Einheitskreis, wie in Figur 8 angedeutet, beliebig nahe an dem Punkt $\gamma = 1$ vorbeilaufen lassen, erhalten wir das fehlende Kurvenstück AEB

Tabelle 2

Grad	$\cos\varphi$	$\sin\varphi$	$\alpha = \frac{1}{2} + \cos\varphi$	$\beta = \frac{1}{2}\sin\varphi\,(2 - \frac{1}{1-\cos\varphi})$
0	1	0	1,5	$-\infty$ (Grenzwert)
30	$\frac{1}{2}\sqrt{3}$	$\frac{1}{2}$	1,366	$-$ 1,366
45	$\sqrt{\frac{1}{2}}$	$\sqrt{\frac{1}{2}}$	1,207	$-$ 0,499
60	$\frac{1}{2}$	$\frac{1}{2}\sqrt{3}$	1	0
90	0	1	0,5	0,5
120	$-\frac{1}{2}$	$\frac{1}{2}\sqrt{3}$	0	0,58
135	$-\sqrt{\frac{1}{2}}$	$\sqrt{\frac{1}{2}}$	$-$ 0,207	0,5
150	$-\frac{1}{2}\sqrt{3}$	$\frac{1}{2}$	$-$ 0,366	0,366
180	$-$ 1	0	$-$ 0,5	0

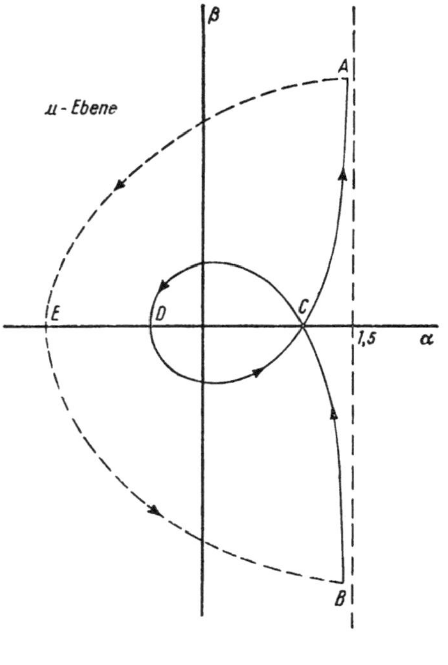

Figur 10

in Figur 10. Die Koordinatenwerte der Punkte A und B sowie der Abszissenwert des Punktes E sind dabei dem Betrage nach um so größer, je näher der Einheitskreis in der γ-Ebene an dem Punkt $\gamma = 1$ vorbeigeht.

b) Zweiter Schritt

1. Wir bilden nun die in der u-Ebene ermittelte 1. Bildkurve mit dem Polynom auf der linken Seite von (2.30) in die ξ-Ebene ab und erhalten dort die gesuchte 2. Bildkurve.

Da wir nur die Veränderung bestimmen wollen, die der Fahrstrahl vom Ursprung an alle Punkte dieser Kurve beschreibt, kommt es auf eine exakte Zeichnung der 2. Bildkurve nicht an, sondern nur auf die Ermittlung der Zahl ihrer Umläufe um den Ursprung. Es reicht daher aus, die Lage einer Anzahl von Punkten in der ξ-Ebene, die auf der Kurve liegen, nach den Regeln der geometrischen Multiplikation und Addition komplexer Zahlen abzuschätzen.

Wir beschränken uns auf die Abbildung des Kurvenastes EBCD in Figur 10 und erhalten so den Ast E'B'C'D' der 2. Bildkurve in Figur 11[8]. Das Kurvenstück E'B' (Figur 11) entspricht EB (Figur 10); und B'C'D' (Figur 11) repräsentiert BCD (Figur 10).

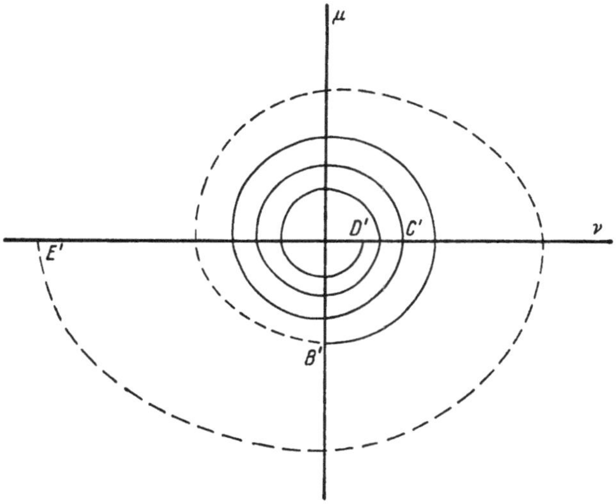

Figur 11

[8] Die Kurve in Figur 11 ist nicht maßstabgetreu, sondern nur schematisch gezeichnet. In Wirklichkeit sind die Koordinaten von Punkten auf dem Kurvenstück E'B' sehr groß, und zwar um so größer, je näher der Einheitskreis in der γ-Ebene an dem Punkt $\gamma = 1$ vorbeiläuft.

Die Übertragung des Kurvenastes DCAE erübrigt sich, da wir den entsprechenden Ast der 2. Bildkurve einfacher durch Spiegelung von E'B'C'D' an der reellen Achse der Figur 11 erhalten könnten. Auf diese Weise ergäbe sich auch hier ein geschlossener Kurvenzug. Wir ersparen uns diese Spiegelung, um die Figur 11 übersichtlicher zu gestalten.

2. Verfolgen wir nun die Winkeländerung, die ein Fahrstrahl vom Ursprung an alle Punkte auf dem Kurvenast E'B'C'D' beschreibt, so erhalten wir einen Wert von 9π. Diesen Wert haben wir zu verdoppeln, wenn wir den nicht eingezeichneten Kurvenast berücksichtigen.

Den so ermittelten Wert von 18π sowie die Gesamtzahl der Wurzeln γ_k, nämlich $k = 10$, setzen wir nun in Gleichung (1) ein[9]:

$$\Delta \operatorname{arc} \xi = 2\pi (10 - q) = 18\pi.$$

Daraus ergibt sich die Zahl der außerhalb des Einheitskreises der γ-Ebene liegenden Wurzeln der charakteristischen Gleichung des empirischen Modells:

$$q = 1. \tag{2.41}$$

Das zweite Diskussionsergebnis lautet somit: Von den 10 Wurzeln γ_k ($k = 1, 2, \ldots, 10$) liegen neun innerhalb des Einheitskreises; eine Wurzel liegt außerhalb des Einheitskreises.

3. Fassen wir das erste und das zweite Diskussionsergebnis zusammen, so ergeben sich folgende Aussagen:

a) Außerhalb des Einheitskreises liegt nur eine, und zwar eine reelle Wurzel. Sie ist stark negativ.

b) Von den neun Wurzeln innerhalb des Einheitskreises sind drei reell und sechs komplex. Von den drei reellen Wurzeln ist eine negativ, zwei sind positiv.

3. Abschnitt

Interpretation der Diskussionsergebnisse

Sofern die Ergebnisse der Diskussion nicht nur als Resultat eines Rechenbeispiels, sondern eines empirischen ökonomischen Modells interpretiert werden sollen, ist an dieser Stelle nochmals auf die Einschränkungen hinzuweisen, denen das Anwendungsbeispiel der Sektorenanalyse im allgemeinen und die Gültigkeit der Ausgabenfunktionen im besonderen unterliegen. Die folgenden Überlegungen gelten nur unter Berücksichtigung der früher dargestellten, erheblichen Vorbehalte[1].

---

[9] Vgl. II. Teil, S. 80.

[1] Vgl. S. 82 ff. und S. 88 ff.

1. Die negative reelle Wurzel außerhalb des Einheitskreises erzeugt tendenziell kurzfristige Oszillationen mit stark wachsender Amplitude. Aus einfachen Überlegungen kann dieser Wurzel kein allzu starkes Gewicht beigemessen werden.

Eine negative Wurzel ist eine einzelne, spezielle Lösung einer Differenzengleichung oder eines Systems von Differenzengleichungen und braucht für ein ökonomisches Modell nicht mit Notwendigkeit zuzutreffen bzw. wirksam zu sein[2]. Aus den empirischen Ausgangszahlen geht hervor, daß im Untersuchungszeitraum kurzfristige Oszillationen de facto nicht stattgefunden haben[3]. Wir können daher unterstellen, daß in der allgemeinen skalaren Lösung des Modells die Konstante, mit der die negative Wurzel in der Potenz t zu multiplizieren ist, gleich Null oder nur wenig von Null verschieden ist. Auf diese Weise wird ein nennenswerter Einfluß der Wurzel auf die Entwicklung der Sektoreneinnahmen — wenigstens für den zeitlichen Gültigkeitsbereich der Ausgabenfunktionen — ausgeschaltet.

Ähnliche Überlegungen gelten für die negative reelle Wurzel innerhalb des Einheitskreises, die tendenziell kurzfristige Oszillationen mit abnehmender Amplitude hervorruft. Auch solche Entwicklungen traten im Untersuchungszeitraum nicht auf.

2. Als wichtigste Bestimmungsfaktoren des Typs der zeitlichen Entwicklung der Sektoreneinnahmen verbleiben somit die beiden positiven reellen Wurzeln und die sechs konjugiert komplexen Wurzeln, die innerhalb des Einheitskreises liegen. Es kann demnach vermutet werden, daß der Prozeß, der im Untersuchungszeitraum im Gang war, eine Entwicklungstendenz der Sektoreneinnahmen in Richtung der statischen Gleichgewichtslösung des Systems beschreibt. Das Modell kann im großen und ganzen als stabil betrachtet werden.

Da die Einnahmen aller Sektoren in den Jahren 1950 bis 1956 zugenommen haben[4], ist anzunehmen, daß die statischen Lösungen für alle Sektoren größer sind als die Einnahmen eines beliebigen Jahres im Untersuchungszeitraum.

---

[2] Im allgemeinen spielen negative Wurzeln bei der Diskussion ökonomischer Modelle eine recht untergeordnete Rolle. Soweit es sich um Differenzengleichungen erster oder zweiter Ordnung handelt, kann man oft schon durch Einschränkung der Koeffizienten der Verhaltensfunktionen auf ökonomisch sinnvolle Bereiche zeigen, daß negative Wurzeln nicht auftreten können oder von anderen Wurzeln dominiert werden. Vgl. z. B. W. J. *Baumol*, Economic Dynamics, a.a.O., S. 159; H. *Geyer*, a.a.O., S. 25, 162; J. R. *Hicks*, a.a.O., S. 190 f.

[3] Vgl. dazu Tabelle 3 im Anhang, S. 110 f. Eine geringfügige Durchbrechung der monotonen Entwicklung der Sektoreneinnahmen ergab sich nur für die Sektoren 2 und 5 bei der Rezession im Jahr 1954.

[4] Vgl. Tabelle 3 im Anhang, S. 110 f.

Ob die Entwicklung in Richtung der statischen Lösungen mehr von den reellen oder den komplexen Wurzeln beeinflußt wird, läßt sich aus dem Diskussionsergebnis nicht abschätzen, da die Größenverhältnisse der Wurzeln untereinander sowie auch diejenigen der entsprechenden Konstanten nicht bekannt sind. Es ist nicht anzunehmen, daß die beiden reellen Wurzeln allein von Bedeutung sind. In diesem Fall müßten sich die Variablen mit abnehmender Rate ohne jede zyklischen Störungen entwickeln. Die tatsächliche Entwicklung zeigt aber ein unregelmäßiges Wachstum der Sektoreinnahmen[5]. Es ist zu vermuten, daß sich in diesen Störungen der Einfluß komplexer Wurzeln äußert.

3. Da für jeden Sektor die gleichen Wurzeln gelten, trifft das Diskussionsergebnis für alle Sektoren zu. Auf Grund der für die einzelnen Sektoren verschieden hohen Gleichgewichtsniveaus der statischen Lösungen sowie unterschiedlicher Konstanten ist es möglich, daß der Prozeß für den einen oder anderen Sektor gleichmäßiger und/oder schneller abläuft.

4. Sofern das empirische Anwendungsbeispiel der Sektorenanalyse die wirklichen Verhältnisse wenigstens in groben Zügen wiedergibt und die Interpretation der Diskussionsergebnisse zutrifft, lassen sich folgende Aussagen und Überlegungen anschließen:

a) Der Zeitraum von 1950 bis 1956 fällt noch in die Phase der kräftigen Nachkriegsexpansion, die durch politische Ereignisse, besonders die Korea-Krise, zusätzlich gefördert wurde. Das Untersuchungsergebnis weist bereits für diese Zeit auf ein allmähliches Abklingen der Expansionstendenzen hin. Erst im vergangenen Jahr — also im zweiten Jahr, das dem letzten Jahr des Untersuchungszeitraums folgte — trat ein allgemeines Nachlassen der Wachstumstendenzen in den westlichen Ländern deutlicher in Erscheinung.

Die tatsächliche Entwicklung liefert damit ein Indiz, daß das Ergebnis unserer Analyse zutrifft. Wären die erforderlichen Statistiken schnell verfügbar und hätte die Analyse dementsprechend bereits um die Jahreswende 1956/1957 durchgeführt werden können, so wäre ihr ein gewisser Prognosewert zugekommen.

Dieser Sachverhalt scheint uns darauf hinzudeuten, daß empirische Sektorenanalysen in begrenztem Umfang zu Prognosezwecken geeignet sind. Dabei sollte man allerdings vorsichtig genug sein, auf eine Vorausberechnung von Zahlenwerten zu verzichten und sich mit einer Diskussion der allgemeinen Entwicklungstendenzen, wie sie hier vorgenommen wurde, begnügen.

---

[5] Vgl. Tabelle 3 im Anhang, S. 110 f.

b) Obgleich im Untersuchungszeitraum eine durchschnittliche Steigerung der Lebenshaltungskosten von etwa 16 % festzustellen war[6], findet die in der Tagesdiskussion oft vertretene Auffassung von einer wachsenden Inflationstendenz in den nicht zentralistisch gesteuerten Wirtschaften der westlichen Welt durch das Untersuchungsergebnis kaum eine Bestätigung. Da sich die nicht von Preisveränderungen bereinigten Geldströme der Sektoreinnahmen in Richtung auf ein Gleichgewichtsniveau entwickeln, wäre ein anhaltender Preisauftrieb nur so vorstellbar, daß gleichzeitig das Volumen der Güterströme permanent schrumpft.

Die amerikanische Erfahrung des letzten Jahres lehrt zwar, daß der Fall einer „inflationary recession" nicht ganz ausgeschlossen werden kann. Dieses amerikanische Beispiel wird man aber nicht verallgemeinern oder gar als Dauererscheinung auffassen können.

Wir glauben daher, aus dem Diskussionsergebnis schließen zu können, daß der im Untersuchungszeitraum vorherrschende Preisauftrieb zumindest keine Tendenz zu einer permanenten Verstärkung zeigt[7].

5. Die Aussagefähigkeit der empirischen Untersuchung soll nicht überfordert werden, indem wir die Ergebnisse als Indiz für oder gegen die Wirklichkeitsnähe bestimmter theoretischer Konstruktionen anführen. Immerhin könnte aber das Resultat der Diskussion Anlaß sein, in weiteren empirischen Forschungen den Versuch zu unternehmen, etwa auf die folgenden Fragestellungen eine Antwort zu finden:

a) Enthält die Struktur der modernen, nicht zentralistisch geleiteten Wirtschaften wirklich jenes Element der chronischen Instabilität und Krisenanfälligkeit, wie es von Marx bis Hansen immer wieder hervorgehoben wurde?

Das Ergebnis unserer Diskussion bringt zwar die Möglichkeit temporärer Rezessionen in den komplexen Wurzeln deutlich zum Ausdruck; nichtsdestoweniger verläuft die allgemeine Entwicklungstendenz in Richtung auf ein stabiles Gleichgewicht.

b) Sind in der Phase eines kräftigen Aufschwungs die Wachstumstendenzen so stark, daß sie nur durch exogene, als „ceiling" wirkende Faktoren abgebremst werden, die dann aber — nach den Argumenten der modernen Konjunkturtheorie — mit Notwendigkeit zum Abschwung führen?

---

[6] Hierbei handelt es sich um eine grobe Richtzahl. Vgl. dazu die überschlägige Berechnung eines Welt-Preisindex im Anhang, S. 109 und 112.

[7] Wir beschränken diese Aussage auf den (relativ kurzen) Untersuchungszeitraum und nehmen damit nicht zur Frage der sog. „säkularen Inflation" Stellung, bei der es sich um einen langfristigen, aber nicht unbedingt kumulativen Prozeß der Preissteigerungen handelt.

Auch für einen solchen Tatbestand gibt das Untersuchungsergebnis keinen Anhaltspunkt. Die expansive Entwicklung — so hat es den Anschein — kommt von selbst zum Stillstand und endet nicht notwendigerweise mit einem konjunkturellen Umschwung.

c) Welcher Erklärungswert kommt „älteren" Konjunkturtheorien, wie denen von Schumpeter oder Frisch, auch heute noch zu, nach denen ein System durch Impulse in Bewegung gesetzt wird und sich dann in Richtung auf ein neues Gleichgewicht entwickelt?

Das Diskussionsergebnis liefert für diese Erklärungen noch am ehesten ein Indiz. Danach wären der hohe Nachkriegsbedarf und die politischen Ereignisse als Impulse aufzufassen, welche die kräftige Expansion im Untersuchungszeitraum auslösten. Um das System nach dem Abklingen dieser Wirkungen erneut in eine stärkere Auftriebsbewegung zu versetzen, wären zusätzliche Impulse erforderlich, die etwa in der wirtschaftlichen Verwertung des großen, bisher wenig genutzten Potentials an neuem technischen Wissen gesehen werden könnten.

Es mag sein, daß die empirische Forschung nicht in der Lage ist, im Sinne der erwähnten Theorien eine befriedigende Antwort auf diese Fragen zu finden: Sie kann die Wirkungen der interventionistischen Eingriffe moderner Staatswesen nicht eliminieren, von denen jene Theorien abstrahieren. Gerade dadurch gewinnt sie aber an Aktualität und hebt die Fragestellungen im Prinzip nicht auf.

Schlußbetrachtung

Zum Schluß der Untersuchung wollen wir einen kurzen Rückblick geben und einige Ansatzpunkte zu einer Weiterarbeit an der Sektorenanalyse andeuten.

1. Der erste Teil der Arbeit war den Fragen der zweckmäßigen Abgrenzung der Sektoren und Modellvariablen sowie den Problemen der Hypothesenauswahl gewidmet.

Ein besonderer Vorzug der Sektorenanalyse ist darin zu sehen, daß sie prinzipiell einen niedrigeren Aggregationsgrad als die herkömmliche Konjunkturtheorie zuläßt. Es zeigte sich, daß auf Grund der Disaggregation nicht nur die Wertschöpfung oder das Volkseinkommen, sondern alle Kreislaufströme zwischen und innerhalb der Sektoren Gegenstand einer Untersuchung sein können. Wir entschieden uns dafür — auch im Hinblick auf das empirische Anwendungsbeispiel im dritten Teil —, die untersuchten Kreislaufströme als nicht von Preisveränderungen bereinigte Ausgaben-Einnahmenströme zu definieren.

Die zur Sektorenanalyse bereits vorliegenden Arbeiten beschränkten sich darauf, aus der Konjunkturtheorie die Multiplikatorhypothese zu übernehmen und zu einer Theorie des Sektorenmultiplikators auszubauen. Wir versuchten, einen zweiten wichtigen Baustein der Konjunkturtheorie, die Akzelerationshypothese, in die Untersuchung aufzunehmen. Dazu war es erforderlich, das Akzelerationsprinzip allgemeiner als bisher üblich zu interpretieren. Aus einer speziellen Version des allgemeinen Prinzips entwickelten wir die Konzeption des Sektorenakzelerators.

2. Von den im zweiten Teil formulierten Modellansätzen haben wir zwei näher untersucht.

Der erste dieser Ansätze berücksichtigte nur die Multiplikatorhypothese. Die Lösung und Diskussion des Modells erfolgte in Anlehnung an die Literatur zur Theorie des Sektorenmultiplikators. Wir beschränkten uns dabei auf die Wiedergabe derjenigen Argumentationen, die bei der Behandlung des zweiten Modellansatzes als Grundlage oder Vergleichsbasis dienen konnten.

In dem zweiten Ansatz wurde zusätzlich die Akzelerationshypothese berücksichtigt. Zur Lösung des Modells boten sich zunächst gleiche oder ähnliche Methoden wie bei dem ersten Ansatz. Es zeigte sich aber, daß die Möglichkeiten einer Diskussion des Modells auf Grund von allgemeinen Anforderungen an die Koeffizientenmatrizen beschränkt sind.

Eine umfassende Diskussion aller interessierenden Eigenschaften ist indessen möglich, wenn für die Elemente der Matrizen Zahlenwerte vorliegen. Zu diesem Zweck wurden zwei Verfahren erläutert, deren kombinierte Anwendung nicht nur Aussagen über die Stabilität, sondern auch über Schwingungen der Variablen im Zeitablauf gestattet. Das eine dieser Verfahren wurde aus der Mechanik übernommen.

3. Eine praktische Anwendung des zweiten Modellansatzes und der Diskussionsverfahren wurde im dritten Teil gezeigt.

Die statistischen Unterlagen, die für das Anwendungsbeispiel zur Verfügung standen, sind in verschiedener Hinsicht unbefriedigend. So mußte ein hoher Aggregationsgrad und die Annahme einer einheitlichen Transaktionsperiode von einem Jahr in Kauf genommen werden. Obgleich auch die Zahl der Beobachtungen gering ist, aus denen die Ausgabenfunktionen der fünf Länder-Sektoren gewonnen wurden, ergaben sich hinreichende Indizien, daß in den Ausgabenströmen tatsächlich Akzelerationswirkungen auftreten. Die Einführung der Akzelerationshypothese in die Sektorenanalyse konnte somit nachträglich auch durch den empirischen Befund gerechtfertigt werden.

Die Diskussion des Modells mit Hilfe der erwähnten Verfahren führte zu dem Ergebnis, daß das System keine Tendenz zu exponentiellem Wachstum zeigt, wie vielleicht die starke Zunahme der Sektoreneinnahmen und die Gestalt der Koeffizientenmatrizen vermuten ließen. Für den zeitlichen Gültigkeitsbereich der Ausgabenfunktionen ist das System stabil. Die Entwicklung der Sektoreinnahmen in Richtung auf die statischen Lösungen kann jedoch in gedämpften Schwingungen verlaufen.

4. Die Ansätze einer Behandlung konjunkturtheoretischer Fragen mit der Sektorenanalyse liegen auf der gleichen Entwicklungslinie der wirtschaftswissenschaftlichen Forschung wie die Input-Output-Analyse: Es wird nach einem Mittelweg gesucht, der den hohen Aggregationsgrad der auf Keynes' „General Theory" basierenden Modelle vermeidet, aber auch nicht in einer komplizierten mikroökonomischen Totalanalyse Walrasscher Prägung mündet.

Eine Weiterarbeit an den hier vorgetragenen Ansätzen der Sektorenanalyse könnte an den Hypothesen, am mathematischen Werkzeug und an der empirischen Auswertung ansetzen.

Als zusätzliche Hypothesen kommen die Einführung von Expansions- und Schrumpfungsgrenzen durch das Prinzip stückweise linearer

Funktionen und die Berücksichtigung von Preisen und Preisrelationen[1] sowie der Vermögenshaltung der Sektoren[2] in Betracht.

Die mathematischen Werkzeuge der Sektorenanalyse wären besonders durch eine genauere Erforschung der Eigenschaften von Matrizen mit negativen Elementen zu verbessern.

Voraussetzung einer weitergehenden empirischen Auswertung der Theorie sind detaillierte statistische Unterlagen. Dabei müßten allerdings auch größere Rechenhilfsmittel zur Verfügung stehen.

5. Die Konzeption und das Instrumentarium der Sektorenanalyse bieten darüber hinaus Möglichkeiten einer Auswertung in verschiedenen anderen als den hier behandelten Bereichen der Wirtschaftstheorie. Die folgenden Beispiele sollen diese Möglichkeiten nur andeuten:

a) In der Außenwirtschaftstheorie eignet sich die Sektorenanalyse zur Untersuchung der Wirkungen autonomer Ausgaben in der Form von einseitigen Wertübertragungen von einem Sektor auf andere Sektoren. Wir denken hier z. B. an eine empirische Untersuchung über die Bedeutung der Marshallplan-Hilfe für die europäischen Empfängerländer.

b) In der Theorie des wirtschaftlichen Gleichgewichtswachstums könnten bei zweckmäßiger Disaggregation an die Stelle der globalen Gleichgewichtsbedingung $I = S$ für das Wachstum der Gesamtwirtschaft entsprechende Gleichgewichtsbedingungen für das Wachstum jedes einzelnen Sektors treten.

c) Für die Finanztheorie bietet die Sektorenanalyse die Möglichkeit, durch eine Aufspaltung des Wirtschaftsbereiches der Haushalte nach Einkommensklassen oder Einkommensarten etwa die Frage zu untersuchen, aus welchem Haushaltssektor die öffentliche Finanzwirtschaft Steuereinnahmen beschaffen soll, um ein vorgegebenes wirtschaftspolitisches Ziel mit den am besten geeigneten Mitteln zu erreichen.

d) Schließlich könnte vielleicht der Versuch unternommen werden, mit der Konzeption der Sektorenanalyse eine dynamische Verteilungstheorie zu entwickeln, indem Vermögensbestände der Sektoren und ihre Veränderung als Untersuchungsgegenstand gewählt werden.

Aus diesen wenigen Beispielen geht die Bedeutung hervor, die der Sektorenanalyse — über den Rahmen der in dieser Arbeit angeschnittenen Probleme hinaus — zukommen kann.

---

[1] Vgl. dazu die Einführung von Preisrelationen in den Ansatz der Theorie des Sektorenmultiplikators durch *Chipman* (Theory, Further Developments and Refinements, S. 139 f.).

[2] Die Berücksichtigung der Vermögenshaltung schlägt O. H. *Brownlee* in einer Besprechung von Chipmans Theory vor (vgl. Ec, Vol. 20, 1952, S. 510).

Anhang

1. Zur Aufbereitung des Zahlenmaterials

Die Zahlen, aus denen mit Hilfe der Regressionsanalyse die Ausgabenfunktionen ermittelt wurden, sind als Matrix der Einnahmen und Ausgaben der Sektoren 1 bis 5 in der Tabelle 3 dargestellt.

Wir schildern zunächst die Gewinnung der Zahlen für die Sektoren 1 bis 4 und daran anschließend die Schätzung der Zahlen für den Sektor 5.

1. Auf der Nordwest-Diagonalen der Matrix sind die Bruttosozialprodukte in jeweiligen Marktpreisen für die Sektoren 1 bis 4 in den Jahren 1950 bis 1956 zu finden. Die entsprechenden Zahlen werden in jeweiliger Landeswährung vom Statistischen Bundesamt veröffentlicht[1]. Für die Sektoren 2 bis 4 wurde die Umrechnung auf deutsche Währungseinheiten nach den folgenden offiziellen Kursen vorgnommen[2]:

1 US-$	=	4,20 DM
1 engl. £	=	11,76 DM
1 hfl.	=	1,11 DM

Bei den Ausgaben der Sektoren 1 bis 4 an andere Sektoren handelt es sich um den Wert ihrer Einfuhr. Die Zahlen wurden der regionalen Außenhandelsstatistik des Statistischen Bundesamtes, die bereits auf deutsche Währungseinheiten umgerechnet ist, entnommen[3]. Der Wert der Einfuhr der Sektoren 1 bis 4 vom Sektor 5 wurde berechnet, indem von der Gesamteinfuhr die Summe der Einfuhren von anderen Sektoren abgezogen wurde.

Die Zahlen für den Sektor 2 (Vereinigte Staaten) beziehen sich auf den Generalhandel, diejenigen aller anderen Sektoren auf den Spezialhandel[4].

2. Die Ausgaben des Sektors 5 („Übrige Welt") an den eigenen Sektor wurden mit Hilfe einer groben Schätzung des Bruttosozialproduktes der Welt in jeweiligen Preisen ermittelt: Das Netto-Welteinkommen wird von W. S. und E. S. Woytinski, in Anlehnung an Schätzungen des Statistical Office der UN, für das Jahr 1948 mit etwa 548 Mrd. US-$ beziffert[5]. Von dieser Zahl sind etwa 54 Mrd. US-$ abzuziehen, die das Nettoeinkommen der hier nicht berücksichtigten Länder des Ostblocks repräsentieren und

---

[1] Vgl. StJb 1958, S. 158*.

[2] Dabei handelt es sich um die Abgabekurse der Notenbanken. Sie wurden im Untersuchungszeitraum nicht geändert. Die folgenden Zahlen wurden berechnet aus den Angaben in US-Cents lt. StJb 1957, S. 122*.

[3] Vgl. StJb 1952 bis 1958, jeweils Tabelle 5, Außenhandel wichtiger Welthandelsländer, ..., unter: Internationale Übersichten, F. Außenhandel.

[4] Diese unterschiedlichen Abgrenzungen dürften auf die ermittelten Ausgabenkoeffizienten a_{ij} und b_{ij} keinen Einfluß haben, da der Durchgangshandel bei den USA eine geringe Rolle spielt und die Koeffizienten ohnehin sehr klein sind.

[5] W. S. und E. S. *Woytinski*, World Population and Production, Trends and Outlook, The Twentieth Century Fund, New York 1953, S. 394.

aus Angaben bei Woytinski abzuschätzen sind[6]. Zu den verbleibenden etwa 494 Mrd. US-$ sind etwa 20 % oder rund 99 Mrd. US-$ hinzuzurechnen, um damit ein Bruttosozialprodukt der Sektoren 1 bis 5 von etwa 593 Mrd. US-$ im Jahre 1948 zu erhalten[7]. Rechnet man diese Zahl mit 1 US-$ = 4,20 DM um, so ergibt sich das Bruttosozialprodukt zu etwa 2,490 Bill. DM.

Diese Zahl haben wir mit Hilfe eines Welt-Produktionsindex in jeweiligen Preisen bis zum Jahre 1956 fortgeschrieben. Ein Welt-Produktionsindex in konstanten Preisen wird von den UN veröffentlicht[8]. Er wurde mit einem Welt-Preisindex inflationiert, den wir aus den Indizes der Kosten für die Lebenshaltung[9] der Länder Kanada, Vereinigte Staaten, Frankreich, Bundesrepublik Deutschland, Großbritannien und Indien gebildet haben[10] [11]. Gewichtet wurde dabei mit den Anteilen dieser Länder am Welt-Einkommen 1948[12].

Auf diese Weise war es möglich, die Entwicklung des gesamten Bruttosozialproduktes der Sektoren 1 bis 5 in jeweiligen Preisen bis zum Jahr 1956 zu schätzen. Von den errechneten Zahlen wurden die Bruttosozialprodukte der Sektoren 1 bis 4 in jeweiligen Preisen abgezogen. Wir erhielten so das Bruttosozialprodukt des Sektors 5 in jeweiligen Preisen. Die Ausgangszahlen sowie der Gang der Berechnung sind in Tabelle 4 dargestellt.

Die Ausgaben des Sektors 5 („Übrige Welt") an andere Sektoren wurden wieder aus Zahlen der regionalen Außenhandelsstatistik des Statistischen Bundesamtes ermittelt[13]. Die Gesamtausfuhr eines der Sektoren 1 bis 4 abzüglich der Ausfuhr an die übrigen drei der Sektoren 1 bis 4 wurde als Einfuhr des Sektors 5 von dem betrachteten Sektor angesetzt.

3. Daraus ist zu entnehmen, daß der Wert der Einfuhr eines Sektors von einem anderen Sektor mit dem Wert der Ausfuhr des letztgenannten Sektors an den erstgenannten Sektor gleichgesetzt wurde. Übersetzt in die Ausdrücke „Ausgaben" und „Einnahmen" der Sektoren geht dieser Sachverhalt auch aus der Matrix in Tabelle 3 hervor. De facto können diese Größen um die Höhe der Fracht-, Versicherungs- u. ä. Kosten voneinander abweichen. Während bei den Sektoren 1 bis 4 generell die Einfuhrwerte einschließlich c. i. f.-Zuschlägen zugrunde gelegt wurden[14], mußte die Einfuhr des Sektors 5 aus der Ausfuhr der Sektoren 1 bis 4 ermittelt werden, welche die erwähnten Zuschläge nicht enthält[15].

---

[6] Ebenda, S. 393.

[7] Zu dieser Prozentzahl vgl. *Woytinski*, a.a.O., S. 379.

[8] Vgl. Statistical Yearbook 1957, S. 114.

[9] Zur Vertretbarkeit des Arbeitens mit Indizes der Lebenshaltungskosten vgl. W. S. und E. S. *Woytinski*, a.a.O., S. 380, Fußnote 9.

[10] Die Indizes der Lebenshaltungskosten der Länder wurden dem Statistical Yearbook 1957, S. 473 ff., entnommen.

[11] Wir unterstellen, daß die Preisentwicklung in diesen wichtigen Wirtschaften für die Preisentwicklung der Gesamtheit der Sektoren des Modells repräsentativ ist.

[12] Berechnet nach W. S. und E. S. *Woytinski*, a.a.O., S. 392 f., Table 186.

[13] Vgl. Fußnote 3 auf S. 108.

[14] Eine Ausnahme bilden die USA, deren Einfuhrwerte f. o. b. berechnet werden. Vgl. z. B. Anmerkung 6 zu Tabelle 5 der regionalen Außenhandelsstatistik des Statistischen Bundesamtes, StJb 1958, S. 81*.

[15] Auch diese Divergenz dürfte unter Berücksichtigung der relativ kleinen Ausgabenkoeffizienten a_{ij} und b_{ij} des Sektors 5 gegenüber anderen Sektoren zu vernachlässigen sein.

Tabelle 3

Matrix der Einnahmen und Ausgaben in den Jahren 1950—1956 in Mill. DM

	Jahr	Ausgaben A_{ij} (i, j = 1,2, ..., 5)					
		1. Bundesrepublik	2. USA	3. Großbritannien	4. Niederlande	5. „Übrige Welt“	Gesamtausgaben
1. Bundesrepublik	1950	97 200	1735	489	1246	7904	108 574
	1951	119 600	2722	498	1022	10 484	134 326
	1952	134 200	2505	525	1170	12 003	150 403
	1953	143 750	1655	645	1251	12 454	159 755
	1954	153 950	2228	847	1526	14 736	173 287
	1955	175 600	3202	866	1770	18 634	200 072
	1956	193 400	3970	1147	2002	20 845	221 364
2. USA	1950	436	1 211 742	1407	353	34 940	1 248 878
	1951	962	1 397 718	1956	507	42 613	1 443 756
	1952	890	1 472 730	2039	660	41 408	1 517 727
	1953	1148	1 547 154	2278	805	41 034	1 592 419
	1954	1166	1 538 880	2113	670	39 026	1 581 855
	1955	1522	1 668 576	2587	621	42 910	1 716 216
	1956	2063	1 766 184	3032	690	50 903	1 822 872
3. Großbritannien	1950	491	2488	156 408	1011	26 627	187 025
	1951	877	4471	172 754	1529	39 154	218 785
	1952	1056	3698	187 219	1216	34 943	228 132
	1953	821	2972	200 038	1046	34 473	239 350
	1954	912	3321	212 268	1288	34 156	251 945
	1955	1076	4951	226 145	1554	38 118	271 844
	1956	1293	4804	243 785	1616	37 988	289 486

4. Niederlande	1950	1033	994	840	21 622	5703	30 192
	1951	1289	1185	867	24 031	7348	34 720
	1952	1269	1198	823	25 347	6118	34 755
	1953	1539	990	928	26 817	6430	36 704
	1954	1790	1411	1288	29 459	7325	41 273
	1955	2371	1826	1148	32 344	8127	45 816
	1956	2780	2183	1274	34 533	9353	50 123
5. „Übrige Welt“	1950	6407	38 221	22 836	3508	1 406 000	1 476 972
	1951	11 254	55 915	27 310	5309	1 638 000	1 737 788
	1952	13 565	57 829	27 224	5956	1 831 000	1 935 574
	1953	14 838	60 826	26 697	5988	2 009 000	2 117 349
	1954	17 891	56 274	27 680	6605	1 984 000	2 092 450
	1955	20 658	55 974	29 861	7305	2 259 000	2 372 798
	1956	24 654	69 779	31 955	7683	2 458 000	2 592 071
Gesamt-Einnahmen Y_j	1950	105 567	1 255 180	181 980	27 740	1 481 174	3 051 641
	1951	133 982	1 462 011	203 385	32 398	1 737 599	3 569 375
	1952	150 980	1 537 960	217 830	34 349	1 925 472	3 866 591
	1953	162 096	1 613 597	230 586	35 907	2 103 391	4 145 577
	1954	175 709	1 602 114	244 196	39 548	2 079 243	4 140 810
	1955	201 227	1 734 529	260 607	43 594	2 366 789	4 606 746
	1956	224 190	1 846 920	281 193	46 524	2 577 089	4 975 916

Tabelle 4

Zur Berechnung der Innenumsätze des Sektors 5 (Übrige Welt)

Jahr	Welt-Produktionsindex [a)]		Index der Lebenshaltungskosten [b)]						Weltpreisindex		Welt-Produktionsindex (in jew. Preisen)	Bruttosozialprodukt in jew. Preisen	
	1953=100	1948=100	Kanada	USA	Groß-britannien	Frankreich	Bundesrepublik	Indien	1953=100	1948=100		der Sektoren 1 b. 5 Mrd. DM	des Sektors 5 Mrd. DM
1948	73	100	84	90	77	60	93	91	86,9	100	100	2490	—
1949	73	100	87	89	79	70	99	94	87,7	100,9	100,9	2512	—
1950	83	113,7	89	90	81	77	93	95	88,8	102,2	116,2	2893	1406
1951	89	121,9	98	97	89	91	100	98	95,9	110,4	134,6	3352	1638
1952	94	128,8	101	99	97	101	102	97	98,9	113,8	146,6	3650	1831
1953	100	137,0	100	100	100	100	100	100	100	115,1	157,7	3927	2009
1954	100	137,0	101	100	102	100	100	95	99,8	114,9	157,4	3919	1984
1955	111	152,1	101	100	106	101	102	90	100,1	115,2	175,2	4362	2259
1956	116	158,9	102	102	112	103	105	99	103,1	118,7	188,6	4696	2458

a) „Mining and Manufacturing", nach Statistical Yearbook 1957, United Nations (ed.), S. 114.

b) Nach Statistical Yearbook 1957, S. 473 ff. Gewichte (errechnet als Anteil am Welteinkommen nach Angaben bei W. S. und E. S. *Woytinski*, a. a. O., S. 392 f.): Kanada 3,5; USA 67,3; Großbritannien 11,7; Frankreich 5,3; Bundesrepublik 4,5; Indien 7,7.

2. Zur Regressionsanalyse

Die in Tabelle 1 (S. 87 f.) angegebenen Regressionsgleichungen wurden aus den Zahlen der Tabelle 3 ermittelt. Als Beispiel schildern wir im folgenden die Bestimmung der Regressionsgleichung (2—1) in Tabelle 1. Sie beschreibt den funktionalen Zusammenhang zwischen den gesamten Einnahmen der Bundesrepublik und den Ausgaben der Bundesrepublik an die Vereinigten Staaten.

1. Zu ermitteln und mit Hilfe der Korrelationsrechnung zu prüfen sind die Koeffizienten a_{21}, b_{21} und C_{21} der hypothetischen Ausgabenfunktion

$$A_{21}(t) = a_{21}Y_1(t) + b_{21}\left\{Y_1(t-1) - Y_1(t-2)\right\} + C_{21}.$$

Für $A_{21}(t)$ und $Y_1(t)$ können wir empirische Werte für die Jahre 1952 bis 1956 unmittelbar aus Tabelle 3 ablesen. Diese Werte bezeichnen wir mit X_1 und X_2.

Bilden wir die Differenz zwischen den Einnahmen des Vorjahres und denen des vorletzten Jahres, so ergeben sich Werte für $Y_1(t-1) - Y_1(t-2)$, die für das Jahr t gelten. Wir bezeichnen diese Werte mit X_3. Nach Tabelle 3 können wir X_3-Werte für 1952 bis 1956 berechnen.

Die empirischen Beobachtungen X_1, X_2, X_3 für die Jahre 1952 bis 1956 werden in den Spalten 1 bis 9 des Rechenschemas verarbeitet, das in Tabelle 5 aufgestellt ist. Die Zahlen wurden dabei auf 100 Mill. DM abgerundet.

Die in Tabelle 5 berechneten Summen setzen wir in die für unsere Dreifachkorrelation geltenden Normalgleichungen[16] ein:

$$\begin{aligned} 9142\ a_{21} &+ 956\ b_{21} + 5\ C_{21} = 136; \\ 17\,069\,498\ a_{21} &+ 1\,744\,779\ b_{21} + 9142\ C_{21} = 258\,025; \\ 1\,744\,779\ a_{21} &+ 205\,398\ b_{21} + 956\ C_{21} = 26\,984. \end{aligned}$$

Aus diesen Gleichungen können wir die drei Unbekannten, a_{21}, b_{21} und C_{21} durch simultane Lösung ermitteln. Sie lauten:

$$a_{21} = 0{,}027; \quad b_{21} = 0{,}047; \quad C_{21} = -31{,}73$$[17].

Zur Bestimmung des „standard error" S und des Korrelationskoeffizienten R berechnen wir die Ausgaben $X_1^{\prime}$ für die einzelnen Jahre, die sich nach der Regressionsgleichung

$$X_1^{\prime} = a_{21}X_2 + b_{21}X_3 + C_{21}$$

ergeben würden. Die Differenz zwischen den tatsächlichen Ausgaben X_1 und den so berechneten Ausgaben $X_1^{\prime}$ wird mit ϱ bezeichnet. $X_1^{\prime}$, ϱ und ϱ^2 sind in den Spalten 10 bis 12 der Tabelle 5 zu finden.

---

16 Die Normalgleichungen lauten:

$$\begin{aligned} a_{21}\Sigma X_2 + b_{21}\Sigma X_3 + NC_{21} &= \Sigma X_1; \\ a_{21}\Sigma X_2^2 + b_{21}\Sigma X_2X_3 + C_{21}\Sigma X_2 &= \Sigma X_1X_2; \\ a_{21}\Sigma X_2X_3 + b_{21}\Sigma X_3^2 + C_{21}\Sigma X_3 &= \Sigma X_1X_3. \end{aligned}$$

(N bezeichnet hierbei die Zahl der Beobachtungen. Im Beispiel ist N = 5.) Vgl. hierzu C. H. *Richardson*, An Introduction to Statistical Analysis (rev. ed.), New York 1944, S. 278.

17 C_{21} wird in 100 Mill. DM gemessen.

Tabelle 5

Rechenschema zur Regressionsanalyse [a)]

Jahr	1	2	3	4	5	6	7	8	9	10	11	12
N = 5	X_3	X_2	X_1	X_3^2	X_2^2	X_1^2	$X_1 X_2$	$X_1 X_3$	$X_2 X_3$	X_1'	ϱ	ϱ^2
1952	284	1 510	25	80 656	2 280 100	625	37 750	7 100	428 840	22,9	+ 2,1	4,41
1953	170	1 621	17	28 900	2 627 641	289	27 557	2 890	275 570	20,5	— 3,5	12,25
1954	111	1 757	22	12 321	3 087 049	484	38 654	2 442	195 027	21,5	+ 0,5	0,25
1955	136	2 012	32	18 496	4 048 144	1 024	64 384	4 352	273 632	29,6	+ 2,4	5,76
1956	255	2 242	40	65 025	5 026 564	1 600	89 680	10 200	571 710	41,5	— 1,5	2,25
$M_1 = 27,2$	956	9 142	136	205 398	17 069 498	4 022	258 025	26 984	1 744 779		0,0	24,92

a) Erläuterungen im Text.

Der „standard error" S ergibt sich nach der Formel[18]

$$S = \sqrt{\frac{\Sigma \varrho^2}{N}} \cong \sqrt{5}.$$

(N = 5 = Zahl der Beobachtungen)

Zur Bestimmung des Korrelationskoeffizienten ermitteln wir die „standard deviation" σ:

$$\sigma = \sqrt{\frac{\Sigma X_1^2}{N} - M_1^2} = \sqrt{64{,}6}$$

(M_1 ist das arithmetische Mittel der empirischen X_1-Werte)

Der Korrelationskoeffizient R lautet

$$R = \sqrt{1 - \frac{S^2}{\sigma^2}} = 0{,}96.$$

2. Die hier an einem Beispiel gezeigte Methode wurde für alle 25 Regressionsgleichungen der Tabelle 1 verwendet. In vier Fällen wurden statt fünf nur vier Beobachtungen zugrundegelegt, da jeweils eine Beobachtung eine stärkere Abweichung zeigte, die als zufallsbedingt interpretiert werden mußte. Bei diesen vier Fällen handelt es sich um die in Tabelle 1 (S. 87 f.) vermerkten Ausgabenfunktionen (1-1), (5-2), (4-5) und (5-5).

3. Neben der oben genannten hypothetischen Ausgabenfunktion wurden, allerdings nur für eine begrenzte Zahl von Fällen, auch andere Hypothesen geprüft, nämlich

a) $A_{ij}(t) = a_{ij}\, Y_j(t-1) + C_{ij};$

b) $A_{ij}(t) = a_{ij}\, Y_j(t) + b_{ij} \left\{ Y_j(t) - Y_j(t-1) \right\} + C_{ij};$

c) $A_{ij}(t) = a_{ij}\, Y_j(t-1) + b_{ij} \left\{ Y_j(t-1) - Y_j(t-2) \right\} + C_{ij}.$

Bei a) handelt es sich um die Multiplikatorhypothese, wie sie z. B. der Sektorenanalyse von Chipman[19] zugrunde liegt, bei b) und c) um die Multiplikator- und Akzelerationshypothese, die den Modellformulierungen (2.2a) und (2.2d) des II. Hauptteils entsprechen[20].

Es zeigte sich, daß diese Hypothesen generell weniger gut „passen", d. h. geringere Korrelationen erzielen.

3. Zur Berechnung des reduzierten charakteristischen Polynoms

Bei der Auflösung der Determinante (2.29) auf S. 92 konnten wir die folgende Rechenregel der Determinantenrechnung anwenden: Der Wert einer Determinante ändert sich nicht, wenn zu den Elementen einer beliebigen Zeile (Spalte) ein konstantes Vielfaches der entsprechenden Elemente einer anderen Zeile (Spalte) hinzugezählt bzw. abgezogen wird.

Auf diese Weise ist es möglich, zu dem Element einer Zeile (Spalte) ein solches Vielfaches des entsprechenden Elementes einer anderen Zeile (Spalte) zu addieren, daß sich als Summe gerade Null ergibt. Die Rechenregel läßt sich auch dann verwenden, wenn die Elemente aus je zwei Gliedern bestehen, wie es bei (2.29) der Fall ist.

---

18 Vgl. zum Folgenden C. H. *Richardson*, a.a.O., S. 280 f.

19 Vgl. J. S. *Chipman*, Theory, S. 91 ff.

20 Vgl. S. 50.

Mit der wiederholten Anwendung des Verfahrens auf (2.29) konnten wir alle Glieder einer Spalte bis auf zwei „zu Null machen". Damit erhielten wir aus einer Determinante 5. Grades zwei Determinanten 4. Grades. Diese wurden in ähnlicher Weise in Determinanten 3. Grades umgewandelt. Erst dann erfolgte die Auflösung der so gewonnenen Determinanten.

Die Berechnung der reduzierten charakteristischen Gleichung wurde durch dieses Vorgehen erheblich verkürzt.

Literaturverzeichnis

(Das Verzeichnis enthält nur solche Veröffentlichungen, die im Text zitiert wurden. Es erhebt nicht den Anspruch, die Literatur zu allen behandelten oder gestreiften Gebieten vollständig zu erfassen.)

Allen, R. G. D.: Mathematical Economics, London 1956.

Balderston, J.: Models of General Economic Equilibrium, in: O. Morgenstern (ed): Economic Activity Analysis, New York-London 1954.

Baumol, W. J.: Notes an Some Dynamic Models, EJ, Vol. LVIII, 1948, S. 506 ff.

— Economic Dynamics, New York 1951 (Neudruck 1954).

Beckermann, W.: The World Trade Multiplier and the Stability of World Trade, 1938 to 1953, Ec, Vol. 24, 1956, S. 239 ff.

Bombach, G.: Zur Theorie des wirtschaftlichen Wachstums, WWA, Bd. 70, 1953, S. 110 ff.

Bössmann, E.: Probleme einer dynamischen Theorie der Konsumfunktion, Frankfurter Wirtschafts- und Sozialwissenschaftliche Studien, Heft 1, Berlin 1957.

Brems, H.: The Foreign Trade Accelerator and the International Transmission of Growth, Ec, Vol. 24, 1956, S. 223 ff.

Chipman, J. S.: The Multi-Sector Multiplier, Ec, Vol. 18, 1950, S. 355 ff.

— Professor Goodwin's Matrix Multiplier, EJ, Vol. LX, 1950, S. 753 ff.

— The Theory of Intersectoral Money Flows, and Income Formation, Baltimore 1951.

Clark, J. M.: Business Acceleration and the Law of Demand: A Technical Factor in Economic Cycles, JPE, Vol. XXV, 1917, S. 217 ff., wiederabgedruckt in: Readings in Business Cycle Theory, Philadelphia-Toronto 1951, S. 235 ff.

Cremer, L.: Ein neues Verfahren zur Beurteilung der Stabilität linearer Regelungs-Systeme, Zeitschrift für angewandte Mathematik und Mechanik, Bd. 25/27, 1947, S. 161 ff.

Debreu, G., *Herstein*, I. N.: Nonnegative Square Matrices, Ec, Vol 21, 1953, S. 597 ff.

Ellis, H. S. (ed.): A Survey of Contemporary Economics, Vol. I, Homewood/Ill. 1952.

Fisher, G. H.: A Survey of the Theory of Induced Investment, 1900—1940, Southern Economic Journal, Vol. XVII, 1952, S. 474 ff.

Geyer, H.: Untersuchungen über die Theorie des dynamischen makroökonomischen Kernprozesses, Frankfurter Wirtschafts- und Sozialwissenschaftliche Studien, Heft 2, Berlin 1958.

Giersch, H.: Akzelerationsprinzip und Importneigung, WWA, Bd. 70, 1953, S. 244 ff.

— Einige kontroverse Fragen der Multiplikatortheorie, in: E. Schneider (Hrsg.): Beiträge zur Multiplikatortheorie, Schriften des Vereins für Sozialpolitik, N.F., Bd. 9, Berlin 1954, S. 9 ff.

Goodwin, R. M.: The Nonlinear Accelerator and the Persistence of Business Cycles, Ec, Vol. 19, 1951, S. 1 ff.

— Does the Matrix Multiplier Oscillate? EJ, Vol. LX, 1950, S. 764 ff.

— The Multiplier as a Matrix, EJ, Vol. LIX, 1949, S. 537 ff.

Haavelmo, T.: Multiplier Effects of a Balanced Budget, Ec, Vol. 13, 1945, S. 311 ff.

Haberler, G.: Prosperität und Depression, übersetzt nach der 3. Auflage (1941), Bern 1948.

Haller, H.: Finanzpolitik, Tübingen-Zürich 1957.

Harrod, R. F.: Towards a Dynamic Economics, London 1948 (Neudruck 1952).

— An Essay in Dynamic Theory, EJ, Vol. XLIX, 1939, S. 14 ff.

— The Trade Cycle, Oxford 1936.

Hawtrey, R. G.: Trade an Credit, London 1928, wiederabgedruckt in: Readings in Business Cycle Theory, Philadelphia-Toronto 1951, S. 330 ff.

Herstein, I. N.: Vgl. Debreu.

Hicks, J. R.: A Contribution to the Theory of the Trade Cycle, Oxford 1950.

Jaksch, H. J.: Beiträge zur Theorie der Wirtschaftsplanung: Probleme einer gesamtwirtschaftlichen Anwendung des „Linear Programming", Dissertation, Frankfurt/Main 1958.

Johnson, H. G.: A Simplification of Multi-Country Multiplier Theory, The Canadian Journal of Economics and Political Science, Vol. 22, 1956, S. 244 ff.

Jöhr, W. A.: Die Konjunkturschwankungen, Tübingen-Zürich 1952.

Kahn, R. F.: The Relation of Home Investment to Unemployment, EJ, Vol. XLI, 1931, S. 173 ff., wiederabgedruckt in: Readings in Business Cycles and National Income, London 1953, S. 314 ff.

Kaldor, N.: A Model of the Trade Cycle, EJ, Vol. L, 1940, S. 78 ff.

Kalecki, M.: The Principle of Increasing Risk, Eca, Vol. IV, N.S., 1937, S. 440 ff.

Keynes, J. M.: The General Theory of Employment, Interest and Money, London 1936, Neudruck 1951.

Kindleberger, C. P.: International Economics, Homewood/Ill. 1955.

Knox, A. K.: The Acceleration Principle and the Theory of Investment — A Survey, Eca, Vol. XIV, N.S., 1952, S. 269 ff.

Kraus, W.: Multiplikator, Akzelerator, Wachstumsrate und Konjunkturzyklus, WWA, Bd. 73, 1954 II, S. 59 ff.

Lange, O.: The Theory of the Multiplier, Ec, Vol. 11, 1943, S. 227 ff.

Leontief, W. W.: The Structure of the American Economy, 1919—1939, New York 1951 (Neudruck 1953).

— and others: Studies in the Structure of the American Economy, New York 1953.

Lundberg, E.: Studies in the Theory of Economic Expansion, London 1937.

Lutz, F. A.: The Outcome of the Saving-Investment Discussion, QJE, Vol. LII, 1938, S. 588 ff., wiederabgedruckt in: Readings in Business Cycle Theory, Philadelphia-Toronto 1951, S. 131 ff.

Machlup, F.: International Trade and the National Income Multiplier, Philadelphia 1943 (Neudruck 1950).

— Period Analysis and Multiplier Theory, QJE, Vol. LIV, 1939, S. 1 ff., wiederabgedruckt in: Readings in Business Cycle Theory, Philadelphia-Toronto 1951, S. 203 ff.

Marsh, D. B.: World Trade and Investment, New York 1951.

Meade, J. E.: The Balance of Payments, London-New York-Toronto 1951 (Neudruck 1954).

Metzler, L. A.: The Theory of International Trade, in: H. S. Ellis (ed): A Survey of Contemporary Economics, Vol. I, Homewood/Ill. 1952, S.210 ff.

— A Multiple-Region Theory of Income and Trade, Ec, Vol. 18, 1950, S. 329 ff.

— Three Lags in the Circular Flow of Income, in: Income, Employment and Public Policy, Essays in Honor of A. H. Hansen, New York 1948.

— The Transfer Problem Reconsidered, JPE, Vol. L, 1942, S. 397 ff., wiederabgedruckt in: Readings in the Theory of International Trade, London 1950 (Neudruck 1953), S. 179 ff.

— Underemployment Equilibrium in International Trade, Ec, Vol. 10, 1942, S. 97 ff.

Mieth, W.: Das Akzelerationsprinzip, Berlin 1954.

Modigliani, F.: vgl. Neißer.

Morgenstern, O. (ed.): Economic Activity Analysis, New York-London 1954.

Musgrave, R. M.: Money, Liquidity and the Valuation of Assets, in: Money, Trade and Economic Growth, Essays in Honor of J. H. Williams, New York 1951, S. 216 ff.

Neißer, H.: Critical Notes on the Acceleration Principle, QJE, Vol. 68, 1954, S. 253 ff.

—, *Modigliani*, F.: National Incomes and International Trade, Urbana 1953 (Neudruck 1956).

Norton, F. E.: The Accelerator in the Overinvestment and Underconsumption Models, EJ, Vol. LXVI, 1956, S. 50 ff.

Platt, H.: Die Input-Output-Analyse, Meisenheim am Glan 1957.

Polak, J. J.: An International Economic System, Chicago 1953.

— The Foreign Trade Multiplier, AER, Vol. XXXVII, 1947, S. 889 ff.

Richardson, C. H.: An Introduction to Statistical Analysis (rev. ed.), New York 1944.

Richter, R.: Über die Grenzen der Multiplikatortheorie, in: E. Schneider (Hrsg.): Beiträge zur Multiplikatortheorie, Schriften des Vereins für Sozialpolitik, N.F., Bd. 9, Berlin 1954, S. 37 ff.

Robertson, D. H.: Banking Policy and the Price Level, New York-London 1949, 4. Auflage.

— Essays in Monetary Theory, London 1940.

Robinson, R.: A Graphical Analysis of the Foreign Trade Multiplier, EJ, Vol. LXII, 1952, S. 546 ff.

Samuelson, P. A.: A Fundamental Multiplier Identity, Ec, Vol. 11, 1943, S. 223 ff.

— Interactions between the Multiplier Analysis and the Principle of Acceleration, RESt, Vol. XXI, 1939, S. 75 ff., wiederabgedruckt in: Readings in Business Cycle Theory, Philadelphia-Toronto 1951, S. 261 ff.

Schneider, E.: Einführung in die Wirtschaftstheorie, I. Teil, Theorie des Wirtschaftskreislaufs, 7. Auflage, Tübingen 1958.

— Der gegenwärtige Stand der Theorie der Beschäftigung, in: Die Problematik der Vollbeschäftigung, Schriften des Vereins für Sozialpolitik, N.F., Bd. 3, Berlin 1951.

— (Hrsg.): Beiträge zur Multiplikatortheorie, Schriften des Vereins für Sozialpolitik, N.F., Bd. 9, Berlin 1954.

Schur, J.: Über Potenzreihen, die im Innern des Einheitskreises beschränkt sind, Journal für die reine und angewandte Mathematik, Bd. 147, 1917, S. 205 ff.

Somers, H. M.: Public Finance and National Income, Philadelphia-Toronto 1949.

Statistisches Bundesamt (Hrsg.): Statistisches Jahrbuch für die Bundesrepublik Deutschland, Jahrgänge 1950 bis 1958, Stuttgart.

Stolper, W. F.: Stand und ungelöste Probleme der Theorie des Außenhandelsmultiplikators, ZfdgSt, Bd. 108, 1952.

Tinbergen, J.: Statistical Evidence on the Acceleration Principle, Eca, Vol. V, N.S., 1938, S. 167 ff.

Todt, H.: Vergleichende Betrachtung der Konjunkturmodelle von R. M. Goodwin und J. R. Hicks, ZfdgSt, Bd. 114, 1958, S. 453 ff.

United Nations (ed): Statistical Yearbook 1957, New York 1957.

Willers, F. A.: Methoden der praktischen Analysis, Berlin 1957, 3. Auflage.

Woytinski, W. S., *Woytinski*, E. S.: World Population and Production, Trends and Outlook, New York 1953.

FSC
www.fsc.org
MIX
Papier | Fördert gute Waldnutzung
FSC® C083411

Kolibri 360 GmbH
Ferdinand-Jühlke-Straße 7
99095 Erfurt, Deutschland
produktsicherheit@kolibri360.de

Druck:
CPI Druckdienstleistungen GmbH
im Auftrag der
Kolibri 360 GmbH
Ferdinand-Jühlke-Str. 7
99095 Erfurt